Valor, agravio y mujer

European Masterpieces
Cervantes & Co. Spanish Classics Nº 42

General Editor: TOM LATHROP

Valor, agravio y mujer

ANA CARO MALLÉN DE SOTO

Edited and with notes by

BARBARA LOPEZ-MAYHEW

Plymouth State University

Cervantes & Co.

Table of Contents

I dedicate this book to DEBBIE,
a cherished and genuine friend,
whose kindheartedness and courage
will help ease her through life's challenges.

Introduction to Students

He is a fool who thinks by force or skill
To turn the current of a woman's will.
Tuke: *Five Hours*. Act V. Sc. 3

I. PURPOSE OF THIS EDITION

THIS EDITION HAS BEEN created to provide Spanish literature students an annotated and modernized version of Ana Caro Mallén de Soto's Spanish Golden Age *comedia, Valor, agravio y mujer*. Several footnotes and marginal glosses are provided in English that explain vocabulary, mythological and historical references, and grammar. The final glossary includes vocabulary that has appeared in the margins and in the footnotes throughout the text. The primary text consulted was the manuscript Mss.16.620 from the Biblioteca Nacional de Madrid, Sala de Cervantes, 48 folios.

The following dictionaries were used: *Diccionario de la lengua española-vigésima segunda edición* por la Real Academia Española, online; *New Revised Velázquez Spanish and English Dictionary*; Joan Coromina's *Breve diccionario etimológico de la lengua castellana*, 3rd edition; and various online sources of mythology such as

Encyclopedia Mythica, and *Greek Mythology from the Iliad to the Fall of the Last Tyrant.*

II. SPAIN'S GOLDEN AGE THEATER - *LA COMEDIA*

At the end of the 16th century, there were three types of plays in Madrid: ecclesiastic, plays of the royal Court, and urban public plays for which were built the theater or Corral de la Cruz in 1579 and the Teatro del Príncipe in 1582 (Ruíz Ramón 160). During these dates, Félix Lope de Vega had begun his career as a playwright and hence was born the national theater, the *comedia nueva.* According to Melveena McKendrick, it was well-organized theater that had its own identity which formed an integral part of the social and ideological life of the capital (*Theatre in Spain* 73). Although there were thousands of *comedias* written during the Golden Age of Spain, few were performed and published because of the difficulty playwrights encountered to receive a license to present their plays. Likewise, censorship was applied to theatrical plays:

> From 1615 every new play had to be passed, and if necessary expur-gated and altered, by a censor and a fiscal (the officer responsible for the implementation of censorship) who were answerable to the protector. It was then licensed for performance by the Council of Castile, and even so, its part concentrated on heresy and subver-sions and seems not have been very interested in moral issues, indeed immorality on the stage was generally easier to get away with than profanity (McKendrick, 185, 186).

The *comedias* that were performed or that were published most likely were reproductions and revisions of the original text.

All playwrights that sold their *comedias* to an "autor" (the manager of public theater that modified the *comedias* according to his own criteria) lost creative rights to the play, only to be possibly recovered through publication. It is believed that the Spanish Golden Age playwrights that were successful and that had great influence in the theatrical world had some creative freedom and influence on any changes that were made to their plays. Yet, it was highly unlikely that any of the *comedias* written by female playwrights would even reach the point of modification so that they would be publically performed.

Although Ana Caro was considered a popular author/playwright during the 17th century, it is not certain whether Ana Caro was influential enough to have a say in any changes made to her texts, or even if she had the opportunity to do so. She may have participated in literary circles; however, her *comedias* eventually were subsequently marginalized and forgotten from the literary canon for centuries along with those written by other female playwrights, for example, Angela Azevedo, Leonor de la Cueva, Feliciana Enríquez de Guzman, Isabel de Silva, Sor María do Ceo, Bernarda Ferreira, Sor Marcela de San Félix, Sor Francisca de Santa Teresa, Beatríz de Souza, Margarita Robles and María de Zayas y Sotomayor.

The rediscovery of Spanish Golden Age *comedias* written by women has provided a wider scope of understanding Spanish baroque theater:

> ...the rediscovery of Zayas and many lesser-known women writers of her era contributes to and benefits from a more generalized broadening of traditional literary canons and a rethinking of our understanding of the texture of life and of

the alleged ideological uniformity of earlier periods, in Spain
as in other national traditions (Greer 5).

Like one of her female contemporaries of the 17th century, María
de Zayas, Ana Caro has depicted in her *comedias* a preoccupation
with the socio-political problems of her country, Spain. In
addition to the content of theatrical plays, censorship prevailed in
various aspects of Spanish life. For example, the daughters of
wealthy families as well as those of poor families were protected
and watched carefully and were placed either in a pre-arranged
marriage or in a convent. Strict control and at times obsessive
restrictions prevailed in order to maintain the honor of the family
and its "pure blood." According to Perry:

> An obsessive fixation to control female sexuality accompanied
> this concern with purity of blood. Parents were advised to
> guard the vir-ginity of their daughters "like dragons," and
> prescriptive literature repeatedly extolled chastity as the
> highest virtue for women (Cerda 1599, 14, 242). Extramarital
> sex by a woman undercut the purity of blood system as well
> as of inheritance of property, and women were punished
> much more severely for promiscuity than were men (29).

Yet despite this strict vigilance, there were many incidents when
young women were not controlled or guarded and were
subsequently courted, "deflowered" and dishonored by men
under the false promise of marriage. Spanish female playwrights,
such as Caro and Zayas, recog-nized the problem and chose to
depict it in their literary works. They offered in their *comedias*
alternatives to the traditional solution of the patriarcal male
"righting all wrongs." The women in their *comedias* play an active

role and carefully and effectively create and plan the resolution. They take action either by disguising themselves as a man, or they conspire with other women in a collaborative plot to bring justice to the *burlador*.

III. ANA CARO MALLÉN DE SOTO (1600? -1653?)

Ana Caro's life is considered an enigma since there are very few records that have been discovered to date in regard to her birth, whether she had married, and when and where she died. However, many scholars agree that she was born in the late 1500s, perhaps as late as 1600, in southern Spain. Some claim Granada as her birthplace, others the city of Seville or at least the province of Seville. Delgado cites a possible baptismal certificate dated the seventh of March, 1565, that could be that of Ana Caro from the parish Santiago el Mayor de Utrera, a neighboring city of Seville. What little is known about Ana Caro is about her literary work. City records show that she was paid for the composition of two *autos sacramentales*, *La puerta de la Macarena* performed in 1641 and *La cuesta de Castilleja* performed in 1645, therefore assuming her residence in Seville at least during that time period. She also wrote poetry for public celebrations. It is further speculated that her two extant *comedias*, *El conde Partinuplés* and *Valor, agravio y mujer*, were performed or that their manuscripts were circulated in literary circles. Teresa Scott Soufas affirmed that "Caro is the only dramatist...who verifiabally enjoyed professional outlets for her theatrical work" (Soufas, *Dramas of Dis-tinction* 3). Her dramas and poetry reflect the aristocratic society of 17th century Spain, therefore indicating her association with the royal Court.

It has been noted that Ana Caro was close friends with another female author, María de Zayas y Sotomayor, and that they had been seen together at several social functions in Madrid. Her last remaining years were as mysterious as the rest of her life. It has been suggested that Caro succumbed as a plague victim during an epidemic in Seville from 1649 to 1652. One death certifícate from the parish Santa María de la Mesa, Utrera showed that an Ana Caro died the 31st of January, 1652, although the page is no longer available in the parish documents.[1]

IV. *VALOR, AGRAVIO Y MUJER* (c. 1630-40)
Main Characters
Leonor
As the female protagonist of the play, she has been dishonored and abandoned by don Juan. Rather than remain in Seville, she decides to take revenge or make don Juan carry out his promise to marry her. She is a strong young woman who risks a long journey to Brussels in order to carry out her plan. She has been referred to as *la mujer varonil.*

Don Juan de Córdoba
Is the typical *galán*, who makes false promises of marriage in order to have sexual relations with a beautiful and noble *dama*. He deceives Leonor and then abandons her. He is eventually tricked into publically admitting his deceit and has no choice but to fulfill his initial promise to marry Leonor.

Ludovico
Because of his high position in society, Prince Ludovico should be

---

[1] María José Delgado notes in her study of *Las comedias de Ana Caro—Valor, agravio y mujer y El conde Partinuplés* that during her visit to the Archives of the parish of Santa María de la Mesa, the pages that indicated Ana Caro's death had been ripped out of the volume of death certificates.

the person to settle all conflicts. However, he fails to do so and proves to be nothing other than a figurehead.

Estela

The countess of Sora rejects her suitors: Prince Ludovico because of his being boring; and don Juan because of his infidelity to another woman in Seville. She pursues Leonardo, only to realize that he is actually a woman.

Ribete

The *lacayo*, who accompanies Leonor, is sensible, is familiar with the environment, and plays the role of a modified *gracioso*. He is a friend and confidant of Leonor's, and conspires with Leonor in her plan as a disguised Leonardo to retaliate against don Juan. Ribete knows of don Juan's disceit and dishonor of Leonor; yet he is socially incapable to resolve her problem, since he is not of the upper social class as Leonor.

Plot

Ana Caro's play *Valor, agravio y mujer*, can be regarded as a "variant of the urban comedy, which in turn is classified under the rubric of the cloak and dagger play" which had been cultivated by Lope de Vega (Gorfkle 25). It is characterized by the theme of love, the threat of dishonor, mistaken identities, swordfights and duels. This type of play generally ends with the characters paired off in marriage. In the baroque *comedia*, if a woman plays the role of protagonist, frequently it is a passive role where she depends on a hierarchal male figure to resolve her conflict. Usually the woman is presented as a seduced and deceived young woman, who finds herself defenseless and socially restricted in reclaiming her honor alone. If there is no male figure present to help her, she has no alternative but to attempt to reclaim her honor through a male disguise or a hidden identity.

Such is the case in Caro´s *comedia,* where the female protagonist, Leonor, appears to have no patriarcal figure to help her while in Seville. There is no mention of a father figure, and her older brother Fernando had left Spain when she was six years of age. Courted under the pretense of marriage and later abandoned by don Juan de Córdoba, Leonor leaves her native Spain, accompanied by her *lacayo* Ribete, and arrives in Brussels to follow her suitor and to solely avenge her dishonor. Although the journey from Seville is dangerous, Leonor arrives safely in Flanders with Ribete. Don Juan has relocated to Brussels because of military duties, and Leonor has followed him and disguises herself as Leonardo as part of her plan to recover her honor and to force don Juan into a promised marriage or to kill him.

Unable to publically resolve her dishonor because of societal restrictions on women, Leonor decides to play the role of a man in order to carry out her plan which entails four subplots. The first is that Leonardo would become don Juan's rival for the affections of Estela, his new love in Flanders. Leonor initiates her plan by telling her servant, Ribete, to give don Juan a note supposedly written by Estela, that tells him to meet that evening outside her balcony. The second subplot is that Leonardo would tell Prince Ludovico that he will not rival him for Estela's love and that although he received a note from Estela to meet her outside her window that evening, Ludovico should go in his place and court her as if he were Leonardo. The third subplot is to meet don Juan that evening outside Estela's balcony window. Leonor disguises herself as a male stranger, confronts don Juan

about his betraying a *dama* in Seville and challenges him to a duel
when he denies it. The fourth subplot is Leonor disguised as
Estela, who speaks with don Juan and tells him that she is aware
of his betrayal of a lady in Seville and that he is obligated to
complete his promise of marriage.

By disguising herself as a man, Leonor is able to remain close
to don Juan within his male space, monitor his actions and
directly communicate with him. Ordinarily, this would not be
accesible to her as a woman, particularly as a woman who had
been dishonored and abandoned. In a scene from the third act
between Leonor, disguised as Leonardo, and don Juan, the *galán*
admits his deceit:

> D. Juan ...Leonor fue fácil;
> y a los números lascivos
> de infame, ¿tanta lealtad,
> fe tan pura, ha reducido?
> mas fue con nombre de esposo.
> Aquí de vosotros mismos,
> celos, que ya la disculpo;
> yo solo el culpado he sido,
> yo la dejé, yo fui ingrato;
> ¿qué he de hacer en el abismo
> de tan grandes confusiones?
>   (vv. 2226-2236)

Disguised as Leonardo, Leonor tricks don Juan through his
own word into marrying her: "into revealing his enduring
feelings for her and relinquishing his practice of faithlessness, a
characteristic, that all the major characters, including don Juan
himself, decry as reprehensible" (Rhodes 319).

The first act of this *comedia* begins with two women, Estela and Lisarda, alone in a forest, descending a mountain during a storm. They meet up with three *bandoleros* who plan to rob them, but are saved by a gallant young man named Don Juan de Córdoba and his servant, Tomillo. At the same moment, Don Fernando de Ribera (the older brother of Leonor) and Prince Ludovico, who had been accompanying the young women, arrive. Before departing for the royal Court, don Juan introduces himself to don Fernando as a noble "burlador" from Córdoba who had deceived a *dama* from Seville. Leonor, dressed as a man, and her servant, Ribete, arrive in the forest and find her brother don Fernando. Unrecognized by her brother, Leonor introduces herself as Leonardo Ponce de León, his cousin, who had to abandon Seville because of amorous intrigues.

The second act begins with Estela confessing to Lisarda of her attraction to Leonardo, although she has been courted by don Juan and Prince Ludovico. Through her servant, Flora, Estela plans to meet with Leonardo one evening in the *terrero*. However, Leonor/Leonardo arranges through Ribete that Ludovico goes instead. Leonor/Leonardo also arranges that don Juan goes to the *terrero* and she will pretend that she is Estela and will speak to don Juan about the *dama* in Seville.

The third act begins the following day with don Juan accusing don Fernando of betraying him by telling his secret. Don Juan finds out the truth from Estela, and tries to prevent a meeting between Estela and Leonardo, who in turn declares himself the avenger of a *dama* in Seville who had been betrayed by don Juan. Leonardo challenges don Juan to a duel, which is interrupted by Ludovico and don Fernando de Ribera. Leonor/Leonardo then tells Fernando that the *dama* from Seville is his sister, doña Leonor. The challenge intensifies and in the midst of the quarrel,

Leonor changes out of her male disguise and assumes her own female identity. As a reasonable solution to the problem, the *comedia* ends with don Juan accepting the marriage with Leonor, and the remaining couples pairing off, Estela with Fernando, Ludovico with Lisarda and Ribete with Flora. The *gracioso* Tomillo is the only character that remains on stage without a partner.

V. VERSIFICATION

Spanish Golden Age playwrights used the following verse forms in their *comedia*:

Décimas ten octosyllabic (8- syllable) verses divided into two groups with *abbaa-ccddc* rhyme.

Octavas reales an eight 11-syllable stanza with rhyme *ABABABCC*.

Quintillas used to express strong emotions; stanzas of five octosyllabic verses with consonant rhyme in the following patterns: *ababa, abbab, abaab, aabab, aabba.*

Redondillas used for animated conversation; a stanza of four octosyllabic verses with consonant rhyme, *abba, cddc,* etc.

Romance a series of octosyllabic verses with assonant rhyme (vowel sound rhyme) with no fixed number of verses. The *romance* (or ballad) is used for narratives that are legendary, heroic or traditional.

Silvas used in monodialogues by high-rank characters to express strong emotion; an indefinite number of 7 and 11-syllable verses that alternate and have various consonant rhyme schemes.

Sonetos used in monologues to express feelings of love; fourteen 11-syllable verses divided into two quatrains (ABBA, ABBA) and two tercets (CDC, DCD).

Sueltos used by high-rank characters in emotional narration; 11-syllable verses with no rhyme (blank verses).

Tercetos used in emotional monologues to express serious information, a series of stanzas of three 11-syllable verses that rhyme *ABA, BCB, CDC.*

ACT I

v. 1 to v. 236	*Romance,* o/e rhyme.
v. 237 to v. 463	*Romance,* e/a rhyme.
v. 464 to v. 657	*Redondillas.*
v. 658 to v. 729	*Octavas real.*
v. 730 to v. 821	*Redondillas.*
v. 822 to v. 889	*Romance,* u/e rhyme.

ACT II

v. 890 to v. 929	*Redondillas.*
v. 930 to v. 1185	*Romance,* á rhyme.
v. 1186 to v.1265	*Décimas.*
v. 1266 to v.1269	*Redondilla.*
v. 1270 to v.1304	*Décimas.*
v. 1305 to v.1598	*Romance,* a/e rhyme.
v. 1599 to v.1700	*Silva.*
v. 1701 to v.1720	Two *décimas.*
v. 1721 to v.1725	*Silva.*
v. 1726 to v.1745	Two *décimas.*
v. 1746 to v.1751	*Silva.*
v. 1752 to v.1771	Two *décimas.*
v. 1772 to v.1775	*Silva.*
v. 1776 to v.1795	Two *décimas.*
v. 1796 to v.1852	*Silva.*

Act III

v. 1853 to v.2017   *Romance*, a rhyme
v. 2018 to v.2089   *Redondillas.*
v. 2090 to v.2431   *Romance*, i/o rhyme.
v. 2432 to v. 2551   *Redondillas.*
v. 2552 to v. 2771   *Romance*, e/o rhyme.

VI. Grammatical Notes

To make the text more accessible for student readers, the original spelling, accentuation and punctuation of the manuscript have been modernized. I have noted any additional material not found in the manuscript within brackets.

An assimilation of consonants frequently occurred when the pronouns *lo, los, la, las, le, les* followed an infintive (*-rl-* > *-ll-*): *gozarla* > *gozalla; olvidarla* > *olvidarla).*

VII. Works Cited and Consulted

Alcalde, Pilar. "Autoría y autoridad en Ana Caro: la mujer dramaturga y su personaje en *Valor, agravio y mujer.*" *Confluencia* 19 (SPR 2004): 177-187.

Alpern, Hymen. "Jealousy as a Dramatic Motive in the Spanish *Comedia.*" *Romanic Review XIV* (1923): 276-85.

Bentley, Eric. "The Universality of the *Comedia.*" *Hispanic Review* 38 (1970): 147-62.

Caro, Ana. *Valor, agravio y mujer.* Edited by Lola Luna. Madrid: Editorial Castalia, S.A., 1993.

——— . "Valor, agravio y mujer." *Apuntes para una biblioteca de escritoras españolas desde el año 1401 al 1833.* I. Edited by Manuel Serrano y Sanz. Madrid: Sucesores de Rivadeneira, 1903. 177-212.

Caro Mallén, Ana. *Valor, agravio y mujer.* Mss.16.620. Biblioteca Nacional de Madrid, Sala de Cervantes. 48 folios.

Corominas, Joan. *Breve diccionario etimológico de la lengua castellana o española.* Madrid: Gredos, 1998.

Cortez, Beatriz. "El travestismo de Rosaura en *La vida es sueño* y de Leonor en *Valor, agravio y mujer:* el surgimiento de la agencialidad femenina y la desnaturalización del binarismo del género." *Bulletin of the Comediantes* 50 (WIN 1998): 371-85.

Delgado, María José. *Las comedias de Ana Caro 'Valor, agravio y mujer 'y 'El conde Partinuplés '.* NY: Peter Lang Publishing, Inc., 1998.

Fiore, Robert L. *Drama & Ethos-Natural-Law Ethics in Spanish Golden Age Theater.* Lexington, Kentucky: UP of Kentucky, 1975.

Friedman, Edward. "'Girl Gets Boy': a Note on the Value of Exchange in the Comedia." *Bulletin of the Comediantes* 39 (1987): 75-84.

Ganelin, Charles and Howard Mancing, eds. *The Golden Age Comedia: Text, Theory and Performance.* Indiana: Purdue UP, 1994.

González Santamera, Felicidad and Fernando Doménech, eds. *Teatro de mujeres del Barroco.* Madrid: Asociación de Directores de Escena de España, 1994.

Gorfkle, Laura. "Re-staging Femininity in Ana Caro's *Valor, agravio y mujer.*" *Bulletin of the Comediantes* 48 (SUM 1996): 25-36.

Greer, Margaret Rich. *María de Zayas tells Baroque Tales of Love and the Cruelty of Men.* University Park: Penn State UP, 2000.

Jones, C.A. "Honor in Spanish Golden-Age Drama: Its Relation to Real Life and to Morals." *Bulletin of Hispanic Studies XXXV* (1958): 199-210.

———. "Spanish Honour as Historical Phenomenon, Convention and Artistic Motive." *Hispanic Review XXXIII* (1965): 32-9.

Lopez-Mayhew, Barbara, ed. *La traición en la amistad* by María de Zayas. Introducción. Delaware: Juan de la Cuesta-Hispanic Monographs, 2003. 7-37.

Maroto Camino, Mercedes. "María de Zayas and Ana Caro: the Space for Woman's Solidarity in the Spanish Golden Age." *Hispanic Review* 67 (WIN 1999): 1-16.

McGrath, Michael J., ed. *La traición en la amistad* by María de Zayas y Sotomayor. Introduction. Delaware: European Masterpieces, 2006. 9-22.

McKendrick, Melveena. *Theatre in Spain, 1490-1700.* Cambridge: Cambridge UP, 1989.

———. *Woman and Society in the Spanish Drama of the Golden Age—A Study of the Mujer Varonil.* London: Cambridge UP, 1974.

Mujica, Barbara. "Golden Age / Early Modern Theater: *Comedia* Studies at the End of the Century." *Hispania* 82, nº 3(1999): 397-407.

Navarro Hinojosa, Ida, et al. eds. *New Revised Velázquez Spanish and English Dictionary.* NJ: New Win, 1985.

Parr, James A. "Canons for the *Comedia*: Interrelations, Instrumental Value, Interpretive Communities, Textuality." *Gestos* 14 (1992): 95 -104.

Perry, Mary Elizabeth. "Crisis and Disorder in the World of María de Zayas y Sotomayor." *Maria de Zayas: the Dynamics of Discourse.* Eds. Amy Williamsen and Judith Whitenack. NJ: Fairleigh Dickinson UP, 1995. 23-39.

Rhodes, Elizabeth. "Redressing Ana Caro's *Valor, agravio y mujer*." *Hispanic Review* 73 (2005): 309-28.

Scott Soufas, Teresa. *Dramas of Distinction: A Study of Plays by Golden Age Women.* Lexington, Kentucky: UP of Kentucky, 1997.

———— , ed. *Women's Acts, Plays by Women Dramatists of Spain's Golden Age.* Lexington, Kentucky: UP of Kentucky, 1997.

Vollendorf, Lisa. "The Value of Female Friendship in Seventeenth-Century Spain." *Texas Studies in Literature and Language* 47 (2005): 425-445.

Williamsen, Amy R. "Re-writing in the Margins: Caro's *Valor, agravio y mujer* as Challenge to Dominant Discourse." *Bulletin of the Comediantes* 44 (SUM 1992): 21-30.

Valor, agravio y mujer

Comedia famosa por

Doña Ana Caro de Mallén

Hablan en ella las personas siguientes:

DON FERNANDO DE RIBERA	
LUDOVICO, príncipe de Pinoy[1]	
DOÑA LEONOR, su hermana	
ESTELA, condesa°	countess
RIBETE, criado	
LISARDA, su prima	
DON JUAN DE CÓRDOBA	
FLORA, criada	
TOMILLO, criado	
Tres BANDOLEROS°	robbers
FINEO, criado	

JORNADA PRIMERA

(Han de estar a los dos lados del tablado dos escalerillas, °	small ladder
vestidas de murtas, a manera de riscos[2] que lleguen a lo alto del	
vestuario, °*por la una dellas bajen Estela y Lisarda de cazadoras,*	dressing room
con venablos. °	spears

LISARDA	Por aquí, gallarda° Estela,	graceful
	de ese inaccesible monte,	
	de ese gigante soberbio	

---

[1] **Pinoy** refers to the Phillippines
[2] **Vestidas de...** *decorated with myrtle in the manner of steep rocks*

que a las estrellas se opone,
5   podrás bajar a este valle,
en tanto que los rigores
del cielo, menos severos
y más piadosos, deponen°   lay by
negro 'encapotado ceño,°   clouded gloom
10   sígueme, prima.

ESTELA   ¿Por dónde?
que soy de hielo. ¡Mal hayan
mil veces mis ambiciones!³

(*Van bajando poco a poco, y hablando.*)

Y el corzo° que dió, ligero,   roe-deer
ocasión a que malogre°   disappoints
15   sus altiveces° mi brío,°   haughtiness, dour
mi orgullo bizarro,° el golpe   age
felizmente ejecutado;
pues sus pisadas veloces°   swift
persuadieron mis alientos
20   y repiten mis temores.
¡Válgame el cielo!⁴ ¿No miras
cómo el cristalino móvil,
de su asiento desencaja°   disjoints
las columnas de sus orbes,
25   y cómo turbado° el cielo,   uneasy
entre asombros° y entre horrores,   fears
segunda vez representa
precipicios de Faetonte?⁵

---

³ ¡**Mal hayan…** *may God forgive my ambitions a thousand times!*
⁴ ¡**Válgame el cielo!** *heaven help me!*
⁵ **Faetonte is** Phæton, the son of Helios (the sun god) and the nymph
Clymene, wished to drive his father's chariot that pulled the sun across the

	¿Cómo, temblando sus ejes,°	spindles
30	se altera y se descompone	
	la paz de los elementos,	
	que airados y desconformes	
	granizan, ruidosos truenos	
	fulminan,° prestos vapores	explode
35	congelados en la esfera,	
	ya rayos,° ya exhalaciones?	flashes of
	¿No ves cómo, airado 'Eolo,	lightning
	la intrépida cárcel rompe	
	al Noto y Boreas,⁶ porque,	
40	desatadas sus prisiones,	
	estremeciendo la tierra,	
	en lo cóncavo rimbomben°	echoe
	de sus maternas entrañas°	bowels
	con prodigiosos temblores?	
45	¿No ves vestidos de luto	
	los azules pabellones,	
	y que las preñadas nubes,	
	caliginosos° ardores	obscure
	que engendraron la violencia,	
50	hace que rayos se aborten?	
	Todo está brotando miedo,	
	todo penas y vigores,	
	todo pesar,° todo asombro,	grief

---

sky. Unskilled in steering the chariot, he steered too close to Earth. Zeus, the ruler of Greek gods, realized the danger and threw a thunderbolt at Phæteon, which killed him instantly.

⁶ **Eolo...Noto y Boreas.** In Greek mythology, Æolus, custodian of the four winds, lived on one of the rocky Lipara islands, close to Sicily. The winds were imprisoned in the caves on this island, and Æolus would release the winds as directed by the higher gods, at times as soft breezes, at other times as gales. Noto, the southern wind, brought late summer and autumn storms. Boreas, the wind of the north, brought cold and wintry air.

todo sustos y aflicciones;
55   no se termina un celaje°   small moving clou
en el opuesto horizonte.
¿Qué hemos de hacer?

LISARDA   'No te aflijas.°   don´t make yourself miserable

ESTELA   Estatua de piedra inmóvil
me ha hecho el temor, Lisarda.
60   ¡Qué así me entrase en el bosque!

(*Acaban de bajar*)

LISARDA   A la inclemencia° del tiempo,   severity
debajo de aquestos robles,°   oaks
nos negaremos, Estela,
en tanto que nos socorre
65   el cielo, que ya descubre
al Occidente arreboles.°   red clouds

(*Desvíanse a un lado y salen Tibaldo, Rufino
y Astolfo, bandoleros*)

TIBALDO   ¡Buenos bandidos, por Dios!
De más tenemos el nombre,
pues el ocio o la esperanza
70   nos está dando lecciones
de doncellas de labor.
Bien se ejerce de Mavorte°7   = **Marte**
la bélica° disciplina   warlike
en nuestras ejecuciones.
75   ¡Bravo° orgullo!   fine

---

7 **Mavorte** in Roman mythology is Mars, the god of war

RUFINO   Sin razón
                     nos culpas, las ocasiones
                     faltan, los ánimos° no.   courage

TIBALDO   Buscarlas porque se logren.

ASTOLFO   ¡Por Dios! Que si no me engaño,
80   no es mala la que nos pone
                     en las manos la ventura.

TIBALDO   ¡Quiera el cielo que se goce!

ASTOLFO   Dos mujeres son bizarras°   gallant
                     y están hablando. ¿No las oyes?

85   TIBALDO   Acerquémonos corteses.

ESTELA   Lisarda, ¿no ves tres hombres?

LISARDA   Sí, hacia nosotras vienen.

ESTELA   ¡Gracias al cielo! Señores,
                     ¿está muy lejos de aquí
90   la quinta° de Enrique, el conde   country house
                     de Velflor?

TIBALDO   Bien cerca está.

ESTELA   ¿Queréis decirnos por dónde?

TIBALDO   Vamos, venid con nosotros.

ESTELA   Vuestra cortesía es norte

95   que nos guía.[8]

RUFINO   Antes de mucho,
           con más miedo, más temores,
           zozobrará° vuestra calma.   will be in danger

           (Llévanlas y baja don Juan de Córdoba,
           muy galán de camino por el risco opuesto
           al que bajaron ellos y dice :)

DON JUAN   ¡Qué notables confusiones!
           ¡Qué inesperado terremoto!
100   ¡Qué tempestad tan disforme!°   monstruous
           Perdí el camino, en efecto.
           Y ¿será dicha° que tope°   luck, run into
           quien me le enseñe? Tal es
           la soledad destos montes...

           (Vaya bajando.)

105   Ata esas mulas, Tomillo,
           a un árbol, y mientras comen,
           baja a este llano.

           (Tomillo, arriba, sin bajar:)

TOMILLO   ¿Qué llano?
           Un tigre, un rinoceronte,
           un cocodrilo, un caimán,
110   un Polifemo cíclope,[9]

---

[8] **Vuestra cortesía...** *your courtesy is the north [star] that guides us*
[9] **Polifemo cíclope** is Polyphemus, the son of Poseidon and Thoosa. He was a cyclops, a mythical one-eyed semi-human monster of huge proportions.

un ánima° condenada,   spirit
y un diablo, Dios me perdone,
te ha de llevar.

DON JUAN   Majadero;°   idiot
¿Sobre qué das esas voces?

115 TOMILLO   Sobre que es fuerza que pagues
sacrilegio tan enorme,
como fue dejar a un ángel.

DON JUAN   ¿Hay disparates° mayores?   nonsense

TOMILLO   Pues, ¿qué puede sucedernos
120   bien, cuando tú…

DON JUAN   No me enojes;
deja esas locuras.

TOMILLO   Bueno;
locuras y sin razones
son las verdades.

DON JUAN   Escucha;
mal articuladas voces
125   oigo.

TOMILLO   Algún 'sátiro o fauno.[10]

---

[10] **Sátiro o fauno** is satyr in Greek mythology, a wood-dwelling creature with the head and body of a man and the ears, horns, and legs of a goat. A satyr was characterized as being fond of lechery and drunken merriment. Faun, in Roman mythology, was a rural god often depicted as a creature with the body of a man and the legs and horns of a goat.

(Salen los bandoleros con las damas, y para atarles las manos ponen en el suelo las pistolas y gabanes°, y estáse overcoats *don Juan retirado)*

TIBALDO   Perdonen, o no perdonen.

LISARDO   Pues, bárbaros, ¿qué intentáis?

ASTOLFO   No es nada; no 'se alboroten,°   disturb
que será peor.

TOMILLO   Acaba
130   de bajar.

DON JUAN   Escucha; oye.

TOMILLO   ¿Qué he de oír? ¿Hay algún paso
de comedia, encanto, bosque,
o aventura en que seamos
yo Sancho, tú Don Quijote,
135   porque busquemos la venta,
los palos y Maritornes?[11]

DON JUAN   Paso es, y no poco estrecho,
a dónde es fuerza que apoye
sus osadías° mi orgullo.   boldness

140 TOMILLO   Mira, señor, no 'te arrojes.°   throw yourself
                                                           forward

TIBALDO   Idles quitando las joyas.

---

[11] **Sancho, tú Don Quijote...** refers to the inn episode in Part I, Chapter 16 of Cervantes' *Don Quijote*, 1605. Maritornes was the innkeeper's serving girl.

ESTELA	Tomad las joyas, traidores,
	y dejadnos. ¡Ay, Lisarda!

DON JUAN   ¿No ves, Tomillo, dos soles
145   padeciendo° injusto eclipse?   being a victim of
              ¿No miras sus esplandores
              turbados, y que a su lumbre
              bárbaramente se opone?

TOMILLO   Querrás decir que la tierra.
150   No son sino salteadores;
              que quizá si nos descubren
              nos cenarán esta noche
              sin dejarnos confesar,
              en picadillo o gigote.[12]

155 DON JUAN   Yo he de cumplir con quien soy.

LISARDA   Matadnos, ingratos hombres.

RUFINO   No aspiramos a eso, reina.

ESTELA   ¿Cómo su piedad esconde el cielo?

              (*Ponéseles Don Juan delante con la espada desnuda.*
              Tomillo, entretanto, coge los gabanes y pistolas,
              y se entra entre los ramos y ellos se turban.)

DON JUAN   Pues, ¿[a] qué aspiran,
160   a experimentar rigores
              de mi brazo y de mi espada?

---

[12] **Nos cenarán...** *they will have us for dinner tonight in mincemeat or in a stew, without allowing us to confess*

TOMILLO	¡Oh, qué irresistibles golpes!

DON JUAN	¡Villanos, viles cobardes!

TOMILLO   'Aunque pese a mis temores,°   despite my fears
165   les he de quitar las armas
                 para que el riesgo° se estorbe,   danger
                 que de ayuda servirá.

TIBALDO   ¡Dispara, Rufino!

RUFINO   ¿Dónde están las pistolas?

TOMILLO   Pistos°   a thick broth give
170   les será mejor que tomen.   to the sick

ASTOLFO   No hay que esperar.

TIBALDO   ¡Huye, Astolfo,
                 que éste es demonio, no es hombre!

ASTOLFO   ¡Huye, Tibaldo!

                 (*Vánse, y Don Juan tras ellos*)

TOMILLO   ¡Pardiez,°   = por Dios
                 que los lleva a lindo trote
175   el tal mi amo, y les da
                 lindamente a trochemoche
                 cintarazo[13] como tierra,
                 porque por fuerza la tomen!
                 Eso sí; '¡pléguete Cristo°   implore Christ

---

[13] A **cintarazo** is a blow with the the flat side of a broadsword.

180   qué bien corrido° galope!   ashamed

ESTELA   ¡Ay, Lisarda!

LISARDA   Estela mía,
                ánimo, que bien disponen
                nuestro remedio los cielos.

                (*Sale Don Fernando de Ribera, de capitán
                de la Guarda, y gente*)

D. FERNANDO   ¡Que no parezcan Godofre![14]
185   ¿Qué selva encantada, o qué
                laberinto las esconde?
                Mas ¿qué es esto?

ESTELA   ¡Ay, Don Fernando,
                rendidas° a la desorden   fatigued
                de la suerte!

D. FERNANDO   ¿Qué fue? ¿Cómo?

190 LISARDA   Unos bandidos enormes
                nos han puesto…

D. FERNANDO   ¿Hay tal desdicha?°   misfortune

                (*Desátelas*)

LISARDA   Mas un caballero noble
                nos libró.

---

[14] **Godofre** refers to Godfrey of Bouillon (1058-1100), Duke of Lower
Lorraine, was one of the leaders of the First Crusade.

(*Sale Don Juan*)

DON JUAN   Ahora verán
los bárbaros que se oponen
195   a la beldad de esos cielos,
sin venerar los candores°   fairness
de vuestras manos, el justo
castigo.

D. FERNANDO   ¡Muera!

(*Empuña la espada.*)

ESTELA   No borres
con ingratitud, Fernando,
200   mis justas obligaciones;
vida y honor le debemos.

D. FERNANDO Dejad que a esos pies me postre,
y perdonad mi ignorancia.

TOMILLO   Y ¿será razón que monde°   prune
205   nísperos° Tomillo, en tanto   medlar trees
estos testigos conformes
o contestes, no declaran
mil alentados° valores?   courageous

D. FERNANDO Yo te premiaré.°   will reward

DON JUAN   Anda, necio.
210   Guárdeos Dios, porque 'se abone°   gives one credit
en vuestro valor mi cielo.

ESTELA   Dezid vuestra patria y nombre,
caballero, si no hay

215	causa alguna que lo estorbe. Sepa yo a quién debo tanto, porque agradecida logre mi obligación en serviros, deseos por galardones.°	rewards

D. FERNANDO	Lo mismo os pido; y si acaso	
220	de Brúselas en la corte se fuerce en que os sirva, si no porque te reconoce obligada la Condesa, si no por inclinaciones	
225	naturales de mi estrella, venid, que cuanto os importe tendréis en mi voluntad.	

TOMILLO	Más que doscientos Nestores[15] vivas; ¡Qué buen mocetón!	

230	LISARDA	Tan justas obligaciones como os tenemos las dos, más dilatará° el informe que juntos os suplicamos.	delay

DON JUAN	Con el efecto responde	
235	mi obediencia agradecida.	

D. FERNANDO	¡Qué galán! ¡Qué gentil° hombre!	elegant

DON JUAN	Nací en la ciudad famosa	

---

[15] **Nestor** was a distinguished warrior in Greek mythology. Although well advanced in years when the Trojan War began, he sailed with the other Greek heroes against Troy. He was renowned for his wisdom and justice, and he served as wise counselor to the Greeks during the war.

que la antigüedad celebra
por madre de los ingenios,
240   por origen de las letras,
esplendor de los estudios,
claro archivo de las ciencias,
epílogo° del valor   close of a speech
y centro de la nobleza,
245   la que en dos felices partos
dio al mundo a Lucano y Séneca,[16]
éste filósofo estoico,
aquél insigne poeta.
Otro 'séneca y Aneo
250   Galión;[17] aquel enseña
moralidad virtuosa
en memorables tragedias,
y éste oraciones ilustres,
sin otros muchos que deja
255   mi justo afecto, y entre ellos
el famoso Juan de Mena,[18]

---

[16] **Lucano** refers to Lucan (Marcus Annaeus Lucanus) , 39- 65 A.D., Latin
poet, b. Corduba (present-day Córdoba). nephew of the philosopher Seneca.
At first in Nero's favor, he was later forced to kill himself when his part in a
plot against the emperor was discovered. Ten books of his epic *Bellum Civile*
(on the civil war between Caesar and Pompey), survive. **Séneca** the elder
(Lucius, or Marcus, Annaeus Seneca), c.60 B.C.-c. 37A.D., was a Roman
rhetorician and writer, b. Corduba; grandfather of Lucan and father of Seneca
the younger. He spent most of his life in the iberian Peninsula. Seneca the
elder wrote two major works—tthe *Controversies,* a collection of imaginary
legal cases, and *Persuasions,* a model orations on various subjects.
    [17] **Aneo Galión** refers to Junius Annæus Gallio, the Roman proconsul of
Achaia when Paul was at Corinth, 53 A.D., under the emperor Claudius. He
was brother to Lucius Annæus Seneca, the philosopher.
    [18] **Juan de Mena** 1411-1456, was a Spanish poet and scholar. Influenced
by the Italian school, he modeled his chief work, the 300-stanza *Laberinto de
Fortuna* (1444) upon Dante.

en castellano poesía;
como en la difícil ciencia
de matemática, raro
260   escudriñador° de estrellas   examiner
aquél Marqués generoso,
Don Enrique de Villena,[19]
cuyos sucesos° admiran,   events
si bien tanto 'se advirt[i]eran°   were to notice
265   en los vicios que hace el tiempo;
Rufo y Marcial,[20] aunque queda
el último en opiniones.
Mas porque de una vez sepas
cuál es mi patria, nació
270   Don Luis de Góngora[21] en ella,
raro prodigio° del orbe,   wonder
que la castellana lengua
enriqueció con su ingenio,
frasis,° dulzura, agudeza.   *Latin for* diction
275   En Córdoba nací, al fin,
cuyos muros hermosea

---

[19] **Enrique de Villena** (1384-1434), Marqués of Villena, was a much admired but controversial Spanish writer of the early fifteenth century.

[20] **Rufo** refers to Juan Gutierrez Rufo, (Córdoba, *c.* 1547- *id.*, *c.* 1620). Spanish author of : *La Austríada* (1584), the epic poem that tells of the exploits of don Juan of Austria during the war of Granada and of Lepanto, and *Las seiscientas apotegmas con otras obras en verso* (1596), a collection of 708 personal proverbs. **Marcial** was the Latin poet Marcus Valerius Martialis or Martial was born c. 40 A.D. in the Iberian Peninsula and died c. 103. Martial received a traditional literary education in Spain before heading to Rome to become a client of the Seneca family.

[21] **Luis de Góngora**, 1561-1627, was poet of the Spanish Golden Age. *Las Soledades* (1613) is considered his masterpiece. Góngora used with the characteristic elements that include an innovative use of the metaphor, latinization of vocabulary, and classical and mythological allusion.

el Betis,²² desatado
tal vez en cristal, los besa
por verle antiguo edificio
280   de la romana soberbia,
en quien ostentó° Marcelo²³   boasts
de su poder la grandeza.
Heredé la noble sangre
de los Córdobas en ella,
285   nombre famoso que ilustra
de España alguna excelencia.
Gasté en Madrid de mis años
floreciente primavera,
en las lisonjas° que acaban   flattery
290   cuando el escarmiento° empieza.   warning
Dejéla porque la envidia,
Hidra²⁴ que no se sujeta
a muerte, pues de un principio
saca infinitas cabezas.
295   Por sucesos amorosos
que no importan, me destierran
y juntos poder y amor
mis favores atropellan°.   trample
Volví, en efecto a la patria,
300   adonde triste y violente
se hallaba la voluntad,
hecha a mayores grandezas,
y por divertir el gusto,

²² **El Betis** refers to the river Bætis named by the Romans, which was renamed Guad-al Quivir, or the "Great River," by the Moors.

²³ **Marcelo** was the Roman consul Marcus Claudius Marcellus who founded Corduba in the second century B.C..

²⁴ **Hidra.** Hydra, in Greek mythology, was a monster that had nine heads and was killed by Heracles. When one head was cut off, another grew instantly in its place.

305
si hay alivio que divierta
el forzoso sentimiento
de una fortuna deshecha,
a Sevilla vine donde
de mis deudos° la nobleza   relatives
desahogo° solicita   relief
310
en su agrado° a mis tristezas.   agreeableness
Divertíme en su hermosura,
en su Alcázar, en sus huertas,
en su grandeza, en su río,
en su lonja,° en su alameda°   market, public walk
315
en su Iglesia Mayor, que es
la maravilla primera
y la octava de las siete,
por más insigne° y más bella   illustrious
en su riqueza, y al fin…

(*Sale el príncipe* LUDOVICO *y gente*)

320   LUDOVICO   ¿Don Fernando de Ribera,
decís que está aquí? ¡Oh, amigo!

D. FERNANDO   ¿Qué hay, Príncipe?

LUDOVICO   Que Su Alteza,
a mí, a Filiberto, a Lucindo,
y al duque Liseno ordena
325
por diferentes parajes,°   places
que sin Lisarda y Estela
no volvamos; y pues ya
libres de las inclemencias
del tiempo con vos están,
330
vuelvan presto a su presencia,
que al repecho° de ese valle   slope
con una carroza° esperan   chariot

caballeros y criados.

ESTELA   Vamos, pues; haced que venga
335   ese hidalgo con nosotros.

D. FERNANDO   Bueno es que tú lo adviertas.

ESTELA   ¡Que no acabase su historia! *(Aparte)*

D. FERNANDO   Con el príncipe, Condesa,
                    os adelantad al coche,
340   que ya os seguimos.

ESTELA   Con pena
                    voy por no saber, Lisarda,
                    lo que del suceso queda.

LISARDA   Después lo sabrás.

                    (Vanse con el Príncipe y la gente)

D. FERNANDO   Amigo,
                    alguna fuerza secreta
345   de inclinación natural,
                    de simpatía de estrellas,
                    me obliga a quereros bien;
                    venid conmigo a Bruselas.

D. JUAN   Por vos he de ser dichoso.

350 D. FERNANDO   Mientras a la quinta llegan
                    y los seguimos a espacio,
                    proseguid, por vida vuestra.
                    ¿Qué es lo que os trae a Flandes?

D. JUAN	Dicha tuve en que viniese		
355	*(Aparte)* el Príncipe por Estela,		
	porque a su belleza el alma		
	ha rendido las potencias,		
	y podrá ser que me importe		
	que mi suceso no sepa.		
360	Digo, pues, que divertido		
	y admirado en las grandezas		
	de Sevilla estaba, cuando		
	un martes, en una iglesia,		
	día de la Cruz de Mayo,[25]		
365	que tanto en mis hombros pesa,°		weighs
	vi una mujer, don Fernando,		
	y en ella tanta belleza,		
	que usurpó su gallardía°		grasped her grace-
	los aplausos de la fiesta.		fulness
370	No os pinto su hermosura		
	por no eslabonar° cadenas		links
	a los hierros de mi amor;		
	pero con aborrecerla,°		hating her
	si dijere que es un ángel		
375	no hayas miedo que encarezca		
	lo más de su perfección.		
	Víla, en efecto, y améla;		
	supe su casa, su estado,		
	partes, calidad y hacienda;		
380	y satisfecho de todo,		
	persuadí sus enterezas°		uprightness
	solicité sus descuidos,		
	facilité mis promesas.		
	Favoreció mis deseos,		
385	de suerte que una tercera°		go-between

---

[25] **Día de la Cruz de Mayo** refers to the 3rd of May, the day of the Cross.

fue testigo de mis dichas,°   pleasures
si hay dichas en la violencia.
Dí la palabra de esposo;
no es menester° que os advierta   necessary
390   lo demás; discreto sois.
Yo muy ciego; ella muy tierna,
y con ser bella en extremo
y con extremo discreta,
afable° para los gustos,   good-natured
395   para los disgustos, cuerda;°   sensible
contra mi propio designio,
cuanto los designios yerran,°   fail
obligaciones tan justas
tan bién conocidas deudas,
400   o su estrella o su desdicha
desconocen o cancelan.
Cansado y arrepentido
la dejé, y seguí la fuerza,
si de mi fortuna no,
405   de mis mudables estrellas.
Sin despedirme ni hablarla,
con resolución grosera,°   rude
pasé a Lisboa, corrido
de la mudable influencia
410   que me obligó a despreciarla.
Vi a Francia y a Inglaterra,
y al fin llegué a estos países
y a su corte de Bruselas,
donde halla centro el alma,
415   porque otra vez considera
las grandezas de Madrid.
Asiento tienen las treguas°   truce

de las guerras con Holanda,[26]
causa de que yo no pueda
420 ejercitarme en las armas;
mas pues ya vuestra nobleza
me ampara, en tanto que en Flandes°   Flanders
algún socorro me llega,
favoreced mis intentos,
425 pues podéis con 'sus Altezas°   Your Highnesses
porque ocupado en palacio
algún tiempo me entretenga.
Don Juan de Córdoba soy,
andaluz; vos sois ribera,°   sea shore
430 noble y andaluz también.
En esta ocasión; en ésta,
es bien que el ánimo luzca,
es bien que el valor se vea
de los andaluces pechos,
435 de la española nobleza.
Este es mi suceso; ahora,
como de una patria mesma°   = misma
y como quien sois, honradme,
pues ya es obligación vuestra.

440 D. FERNANDO   Húelgome° de conoceros,   I am pleased
Señor, don Juan, y quisiera
que a mi afecto se igualara
el posible de mis fuerzas.
A vuestro heroico valor,
445 por alguna oculta fuerza,
estoy inclinado tanto,
que he de hacer que Su Alteza,

---

[26] **Las treguas de Holanda** refers to the twelve-year truce (1609-1621) given to the cease fire in the Netherlands between the United Provinces and the Spanish-controlled southern states.

como suya, satisfaga
la obligación en que Estela
450   y todos por ella estamos,
y en tanto, de mi hacienda
y de mi casa os servid.
Vamos juntos donde os vea
la Infanta° para que os premie   princess
455   y desempeñe° las deudas   redeems
de mi voluntad.

DON JUAN   No sé,
por Dios, cómo os agradezca
tantos favores.

(Sale Tomillo)

TOMILLO   Señor, las mulas esperan.

D. FERNANDO   ¿Y la carroza?

460 TOMILLO   Ya está,
pienso que, en la cuarta esfera
por emular la de Apolo[27]
compitiendo con las selvas.

(Salen Dª Leonor, vestida de hombre,
bizarra, y Ribete, lacayo °)   servant

---

[27] **La cuarta esfera... de Apolo.** The ancients perceived the human
environment as four areas—earth, sea, fresh water and sky. By the Hellenistic
period and in Latin literature, Apollo was associated with the sun. Apollo was
responsible of guiding each day the star of fire along the infinite paths of the
sky. At dawn, Apollo would guide one of the chariots of fire drawn by four
horses to give light to the world.

LEONOR	En este traje podré
465	cobrar mi perdido honor

RIBETE	Pareces el Dios de Amor.[28]
	¡Que talle,° qué pierna y pie! figure
	Notable resolución
	fue la tuya, mujer tierna
470	y noble.

LEONOR	Cuando gobierna
	la fuerza de la pasión,
	no hay discurso cuerdo o sabio° wise
	en quien ama; pero yo,
	mi razón que mi amor no
475	consultaba con mi agravio,° offence
	voy siguiendo en las violencias
	de mi forzoso destino,
	porque al primer desatino° foolishness
	'se rindieron° las potencias. surrendered
480	Supe que a Flandes venía
	este ingrato que ha ofendido
	tanto amor con tanto olvido,
	tal fe con tal tiranía.
	Fundí° en el más recoleto[29] = hundí *I hid*
485	monasterio mi retiro
	y sólo a ocultarme aspiro
	de mis deudos; en efecto,
	no tengo quien me visite,
	si no es mi hermana, y está
490	del caso avisada ya

---

[28] **El Dios de Amor,** in Greek mythology, was Eros, the god of lust, love, and intercourse; his Roman counterpart was Cupid.

[29] **Recoleto** refers to belonging to a convent where strict order is maintained.

para que me solicite
y vaya a ver con engaño,
de suerte que aunque terrible
mi locura, es imposible
495   que se averigüe su engaño.
Ya pues me determiné,
y atrevida pasé el mar,
o he de morir o acabar
la empresa que comencé,
500   o a todos los cielos juro
que nueva Amazona[30] intenté,
o Camila[31] más valiente,
vengarme de aquel perjuro
aleve.°   treacherous

RIBETE   Oyéndote estoy,
505   y ¡por Cristo! que he pensado
que el nuevo traje te ha dado
alientos.°   strength

LEONOR   Yo soy quien soy;[32]
engañaste si imaginas,
Ribete, que soy mujer;

---

[30] The Amazon myth was embraced by Greece, and from there spread all over the world. The Amazons were the earliest symbols of a society's fear of feminism. They questioned the order of life and rose against it. They would not allow themselves to be treated as less than human.

[31] **Camilla** in Roman mythology was the Amazon-like virgin warrior raised in the wilderness by her father, Metabus, king of the Volscians. Her exploits appear at the end of Virgil's *Æneid*.

[32] **Soy quien soy.** Anita Stoll, in her study on *La dama boba*, noted that this is one of the common themes of Golden Age Drama: "Soy quien soy" relates to the idea of a mature awareness of self and background as the basis for true nobility.

510   mi agravio mudó mi ser.

RIBETE   Impresiones peregrinas
                 suele hacer un agravio;
                 ten que la verdad se prueba
                 de Ovidio pues Isis[33] nueva
515   de oro guarneces el labio;
                 mas, volviendo a nuestro intento,
                 ¿matarásle?

LEONOR   Mataréle,
                 ¡Vive Dios!

RIBETE   ¿En buena fe?

LEONOR   ¡Por Cristo!

RIBETE   ¿Otro juramento?°   oath
520   Lástima es...

LEONOR   Flema gentil
                 gastas.[34]

RIBETE   Señor Magallanes[35]

---

[33] **Ovidio** was Ovid, born Publius Ovidius Naso into a family of the equestrian or middle class in Sulmo (now Sulmona), near Rome (43 B.C. - 17 A.D.). **Isis** is the Egyptian Goddess of Ten Thousand Names, the Great Mother Goddess. She is the goddess for all women, the protector at childbirth, for nurturing and caring of children.

[34] **Flema gentil gastas.** Phlegm is used frequently in a figurative sense; this statement usually follows when someone has just made an unintelligent statement and one responds: "That was a dumb thing to say."

[35] **Magallanes** was Ferdinand Magellan, Fernando de Magallanes; (1480-1521), a Portuguese explorer who, while in the service of the Spanish Crown,

                  a él y a cuántos don Juanes,
                  ciento haciendo y mil a mil
                  salieren.

LEONOR   Calla, inocente.

525 RIBETE   Escucha, así Dios te guarde;
                  ¿por fuerza he de ser cobarde?
                  ¿no habrá un lacayo valiente?

LEONOR   Pues, ¿por eso te amohinas?°   irritate

RIBETE   Estoy mal con enfadosos
530   que introducen los graciosos
                  muertos de hambre y gallinas.
                  El que ha nacido alentado
                  ¿no lo ha de ser si no es noble?
                  que ¿no podrá serlo al doble
535   del caballero el criado?

LEONOR   Has dicho muy bien; no en vano
                  te [he] elegido por mi amigo,
                  no por criado.

RIBETE   Contigo
                  va Ribete el sevillano
540   bravo que tuvo a lacería°   misery
                  reñir° con tres algún día,   to fight
                  y pendón° rojo añadía   banner
                  a los verdes de la feria[36];

---

tried to find a westward route to the Spice Islands of Indonesia. His was the
first successful attempt to circumnavigate the Earth.

[36] **Pendón rojo....verdes**. According to tradition the color red is a prize for
each battle that has been won, and the green banner is related to the

	pero tratemos del modo	
545	de vivir. ¿Qué has de hacer	
	ahora?	

LEONOR   Hemos menester
para perderlo todo,
buscar, Ribete, a mi hermano.

RIBETE   ¿Y si te conoce?

LEONOR   No puede ser,

550   que me dejó de seis años,
y está llano que no se puede acordar
de mi rostro;° y si privanza°   face, favor
tengo con él, mi venganza,
mi valor ha de lograr.

555 RIBETE   ¿Don Leonardo, en fin, te llamas
Ponce de León?[37]

LEONOR   Sí, llamo.

RIBETE   ¡Cuántas veces, señor amo,
me han de importunar° las damas   disturb
con el recado o billete!

560   Ya me parece comedia
donde todo lo remedia
un bufón medio alcahuete.
No hay fábula, no hay tramoya°   craft
a donde no venga al justo

Reconquista.

[37] **Ponce de León.** The Ponces of León lost the Marquisate of Cádiz that passed to Queen Isabel and King Ferdinand, and in compensation gained the Dukedom of Arcos and the Earldom of Casares (n.557, Luna, p. 85).

565		un lacayo de buen gusto	
		porque si no, ¡aquí fue Troya!	
		¿Hay mayor impropiedad°	want of justice
		en graciosidades tales,	
		que haga un lacayo iguales	
570		la almohaza° y magestad?	curry-comb
		¡Que siendo rayo temido	
		un rey haciendo mil gestos,	
		le obligue un lacayo destos	
		a que ría divertido!	
575	LEONOR	Gente viene; hacia esta parte	
		te desvía.	

(*Sale don Fernando de Ribera y el príncipe.*)

D. FERNANDO   Esto ha pasado.

LUDOVICO   Hame el suceso admirado.

D. FERNANDO Más pudieras admirarte
                    que de su dicha, aunque es tanta,
580   de su bizarro valor,
                    pues por él goza favor
                    en la gracia de la Infanta.
                    Su mayordomo, en efecto,
                    don Juan de Córdoba es ya.

585 LEONOR   ¡Ay, Ribete!

LUDOVICO   Bien está,
                    pues lo merece el sujeto.
                    Y al fin ¿Estela se inclina
                    a don Juan?

D. FERNANDO   Así lo siento,
por ser de agradecimiento
590   satisfacción peregrina.

(*Hablan aparte los dos.*)

LEONOR   Don Juan de Córdoba ¡ay Dios!
dijo. ¡Si es aquel ingrato!
Mal 'disimula el recato°   hide
tantos pesares.   caution

595 D. FERNANDO Por vos la hablaré.

LUDOVICO   ¿Puede aspirar
Estela a mayor altura
su riqueza, su hermosura?
¿En quién la puede emplear
600   como en mí?

D. FERNANDO   Decís muy bien.

LUDOVICO   ¿Hay en todo Flandes hombre
más galán, más gentil hombre?

RIBETE   ¡'Maldígate el cielo,° amén!   God damn you!

D. FERNANDO Fiad° esto a mi cuidado.   entrust

605 LUDOVICO   Que me está bien; sólo os digo,
haced pues que sois mi amigo,
que tenga efecto.

(*Vase Ludovico.*)

D. FERNANDO   ¡Qué enfado!

LEONOR   Ribete, llegarme quiero
                   a preguntar por mi hermano.

610 RIBETE   ¿Si le conocerá?

LEONOR   Es llano.

D. FERNANDO   ¿Mandáis algo, caballero?

LEONOR   No, señor; saber quisiera
                   de un capitán.

D. FERNANDO   ¿Capitán?
615   ¿Qué nombre?

LEONOR   Éstas lo dírán:
                   Don Fernando de Ribera,
                   caballerizo° mayor,   stableman
                   y capitán de la guarda
                   de Su Alteza.

D. FERNANDO   ¡Qué gallarda
620   presencia! ¿Si es de Leonor? (*Aparte)*
             Haced cuenta que le veis;
             dadme el pliego.°   sealed letter

LEONOR   ¡Oh, cúanto gana hoy mi dicha!

D. FERNANDO   ¿Es de mi hermana?

         (*Dale el pliego.*)

625 LEONOR   En la letra lo veréis;
                   Ribete, turbada estoy.

           (*Lee don Fernando.*)

RIBETE   ¿De qué?

LEONOR   De ver a mi hermano.

RIBETE   Ese es valor sevillano.

LEONOR   Has dicho bien: mi honor hoy
630   me ha de dar valor gallardo
              para lucir su decoro,
              que sin honra, es vil el oro.

D. FERNANDO Yo he leído, don Leonardo,
              esta carta, y sólo para
635   en que os ampare° mi amor,   protects
              cuando por mil de favor
              vuestra presencia bastara:
              mi hermana lo pide así,
              y yo, a su gusto obligado,
640   quedaré desempeñado
              con vos, por ella y por mí.
              ¿Cómo está?

LEONOR   Siente tu ausencia,
        como es justo.

D. FERNANDO   ¿Es muy hermosa?

LEONOR   Es afable y virtuosa.

645 D. FERNANDO Eso le basta. ¿Y Laurencia,
              la más pequeña?

LEONOR   Es un cielo,

                una azucena,° un jasmín,   lily
                un ángel, un serafín°   extreme beauty
                mentido° al humano velo.   mythical

650   D. FERNANDO   Decidme, por vida mía,
                ¿qué os trae a Flandes?

      LEONOR   Intento
                con justo agradecimiento
                pagar vuestra cortesía,
                y es imposible, pues vos,
655   liberalmente discreto,
                acobardáis° el concepto   you intimidate
                en los labios.

      D. FERNANDO   Guárdeos Dios.

      LEONOR   Si es justa ley de obligación forzosa
                ¡Oh, Ribera famoso! obedeceros,
660   escuchad mi fortuna rigurosa,
                piadosa ya, pues me ha traído a veros;
                el valor de mi sangre generosa
                no será menester encareceros,
                pues por blasón° de su nobleza muestro   heraldry
665   el preciarme de ser muy deudo vuestro.
                Serví una dama donde los primores°   exquisiteness
                de toda la hermosura cifró el cielo;
                gozó en secreto el alma sus favores,
                vinculando la gloria en el desvelo;°   vigilance
670   compitióme el poder y mis temores
                apenas conocieron el recelo,°   suspicion
                y no os admire, porque la firmeza
                de Anarda sólo iguala a su belleza.
                Atrevido mostró el marqués Ricardo

675   querer servir en público a mi dama;[38]
            mas no por eso el ánimo acobardo,
            antes le aliento en la celosa llama.
            Presumiendo de rico y de gallardo,
            perder quiso al decoro de su fama:
680   inútil presunción, respetos justos,
            ocasionando celos y disgustos.
            Entre otras, una noche que a la puerta
            de Anarda le hallé, sintiendo en vano
            en flor marchita° su esperanza muerta   withered
685   al primero verdor de su verano,
            hallando en su asistencia ocasión cierta,
            rayos hice vibrar mi espada y mano,
            tanto, que pude solo retiralle
            a él y a otros dos valientes de la calle.
690   Disimuló este agravio; mas un día
            asistiendo los dos a la pelota,
            sobre juzgar la suerte suya o mía,
            se enfada, se enfurece y alborota;
            un ¡miente todo el mundo! al aire envía,
695   con que vi mi cordura° tan remota,   good sense
            que una mano lugar buscó en su cara,
            y otra de mi furor rayos dispara.
            Desbaratóse° el juego, y los parciales   ruined
            coléricos trabaron° civil guerra,   began
700   en tanto que mis golpes desiguales
            hacen que bese mi rival la tierra.
            Uno de meter paces da señales;
            otro, animoso y despechado° cierra;   enraged
            y al fin, entre vengados y ofendidos,
705   salieron uno muerto y tres heridos.
            Ricardo, tantas veces despreciado

---

[38] **Anarda.....el marqués Ricardo** are characters in the play *El perro del hortelano* (1613) by Lope de Vega.

de mi dama, de mí, de su fortuna,
si no celoso ya, desesperado,
no perdona ocasión ni traza alguna;
710   a la venganza aspira, y agraviado,
sus amigos y deudos importuna,
'haciendo de su ofensa vil alarde°   makes a show of
acción, si no de noble, de cobarde;
mas yo, por no cansarte, dando medio
715   de su forzoso enojo a la violencia,
quise elegir por último remedio
hacer de la querida patria ausencia.
En efecto, poniendo tierra en medio,
objeto no seré de su impaciencia,
720   pues pudiera vengarse como sabio,
que no cabe traición donde hay agravio.
Previno nuestro tío mi jornada,
y antes de irme a embarcar, esta sortija°   ring
me dio por prenda° rica y estimada,   token
725   de Victoria su hermosa y noble hija.
Del reino de Anfitrite[39] la salada
región cerúlea° vi, sin la 'prolija   sky-blue
pensión° de una tormenta, y con bonanza°   tedious burden, f
tomó a tus plantas° puerto mi esperanza.   weather; feet

730 D. FERNANDO   De gusto soy satisfecho,
suspenso me habéis dejado.
No os dé la patria cuidado,
puesto que halláis en mi pecho
de pariente voluntad,
735   fineza de amigo, amor
de hermano, pues a Leonor
no amara con más verdad.

---

[39] **Anfitrite** refers to Amphitrite in Greek mythology, the goddess of the sea.

Esa sortija le dí
a la hermosa Victoria,
740   mi prima que sea en gloria,
cuando de España partí;
y aunque sirve de testigo
que os abona° y acredita,   vouches for
la verdad no necesita
745   de prueba alguna conmigo.
Bien haya, amén, la ocasión
del disgusto sucedido,
pues ella la causa ha sido
de veros.

LEONOR   No sin razón
750   vuestro valor tiene fama
en el mundo.

D. FERNANDO   Don Leonardo,
mi hermano sois.

LEONOR   ¡Qué gallardo!
mas de tal ribera es rama.

D. FERNANDO   En el cuarto de don Juan
755   de Córdoba estaréis bien.

LEONOR   ¿Quién es ese hidalgo?°   nobleman of low
                                          rank

D. FERNANDO   ¿Quién?
Un caballero galán,
cordobés.

LEONOR   No será justo,
ni cortés urbanidad,
760   que por mi comodidad

compre ese hidalgo un disgusto.

D. FERNANDO   Don Juan tiene cuarto aparte
             y le honra su alteza mucho
             por su gran valor.

LEONOR   ¡Qué escucho! (*Aparte*)
765   ¿Y es persona de buen arte?

D. FERNANDO   Es la primer maravilla
             su talle, y de afable trato,
             aunque fácil, pues ingrato,
             a una dama de Sevilla,
770   a quien gozó con cautela,
             hoy la aborrece, y adora
             a la Condesa de Sora,
             que aunque es muy hermosa Estela,
             no hay en mi opinión disculpa,
775   para una injusta mudanza.

LEONOR   ¡Ánimo, altiva esperanza! (*Aparte*)
             Los hombres no tienen culpa
             tal vez.

D. FERNANDO   Antes, de Leonor
             repite mil perfecciones.

780 LEONOR   Y ¿la aborrece?

D. FERNANDO   Opiniones
             son del ciego lince° amor;   sharp
             por la condesa el sentido
             está perdiendo.

LEONOR   ¡Ah, cruel! (*Aparte*)

Y ¿ella corresponde fiel?

785 D. FERNANDO   Con semblante agradecido
se muestra afable y cortés,
forzosa satisfacción
de la generosa acción,
de la facción que después
790   sabréis. Fineo…

(Sale Fineo.)

FINEO   Señor…

D. FERNANDO   Aderezad° aposento   get ready
a don Leonardo al momento…

LEONOR   Muerta estoy. *(Aparte)*

RIBETE   Calla Leonor.

D. FERNANDO   …en el cuarto de don Juan.

795 FINEO   Voy al punto.

D. FERNANDO   Entrad, Leonardo.

LEONOR   Ya os sigo.

D. FERNANDO   En el cuarto aguardo
de Su Alteza.

(Vase.)

RIBETE   Malos van
los títeres.° ¿A quién digo?   marionettes

	¡Hola, hao!⁴⁰ de allende° el mar	beyond
800	volvámonos a embarcar,	
	pues ya lo está aquel amigo.	
	Centellas,° furias, enojos,	sparkles
	viboreznos,° basiliscos°	small snakes, fab
	iras, promontorios, riscos	lous serpents
805	está echando por los ojos.	
	Si en los primeros ensayos	
	hay arrobos,° hay desvelos,	amazement
	hay furores, rabias, celos,	
	relámpagos, truenos, rayos,	
810	¿qué será después? Ahora	
	está pensando, a mi ver,	
	los estragos° que ha de hacer	havoc
	sobre el reto° de Zamora.	challenge
	¡Ah, señora! ¿Con quién hablo?	

815 LEONOR   ¡Déjame, villano infame°!   villain

(*Dale.*)

RIBETE   Belcebú,⁴¹ que más te llame,
             demándetelo el diablo.
             ¿Miraste el retrato en mí
             de don Juan? Tal antuvión...°   sudden stroke
820   ¡qué bien das un pescozón!°   a blow on neck

LEONOR   ¡Déjame, vete de aquí!

(*Vase.*)

             ¿Adónde, cielos, adónde

---

⁴⁰ **Hao** is a vulgar word used in calling to any one at a distance.
⁴¹ **Belcebú** refers to satan.

vuestros rigores se encubren?
¿Para cuándo es el castigo?
825   La justicia, ¿dónde huye?
¿Dónde está? ¿Cómo es posible
que esta maldad disimule?
¡La piedad en un aleve
injusta pasión arguye!
830   ¿Dónde están, Jove,[42] los rayos?
¿Ya vive ocioso e inútil
tu brazo? ¿Cómo traiciones
bárbaras y enormes sufres?
¿No te ministra Vulcano,[43]
835   de su fragua y de su yunque
armas[44] de fuego de quien
sólo el laurel se asegure?
Némesis,[45] ¿dónde se oculta?
¿A qué Dios le substituye
840   su poder, para que grato
mi venganza no ejecute?
Las desdichas, los agravios,
hace la suerte comunes.
No importa el mérito, no
845   tienen precio las virtudes.
¿Tan mal se premia el amor,
que a número no reduce
un hombre tantas finezas
cuando de noble presume?
850   ¿Qué es esto, desdichas? ¿Cómo
tanta verdad se desluce,
tanto afecto se malogra,

---

[42] **Jove** refers to the Roman god Jupiter
[43] **Vulcano** refers to Vulcan, the god of fire
[44] **Armas.** in the manuscript, is **almas**
[45] **Némesis** the Greek goddess of retributive justice

tal calidad se destruye,
tal sangre se deshonora,
855   tal recato se reduce
a opiniones; tal honor,
cómo se apura° y consume?   worry
¿Yo aborrecida y sin honra?
¿Tal maldad los cielos sufren?
860   ¿Mi nobleza despreciada?
¿Mi casta opinión sin lustre?
¿Sin premio mi voluntad?
Mi fe, que las altas nubes
pasó y llegó a las estrellas,
865   ¿es posible que la injurie°   insult
don Juan? ¡Venganza, venganza,
cielos! El mundo murmure,
que ha de ver en mi valor,
'a pesar de° las comunes   despite
870   opiniones, la más nueva
historia, la más ilustre
resolución que vio el orbe.
Y ¡juro por los azules
velos del cielo y por cuantas
875   en ellos se miran luces,
que he de morir o vencer
sin que me den pesadumbre°   sorrow
iras, olvidos, desprecios,
desdenes, ingratitudes,
880   aborrecimientos, odios!
Mi honor en la altiva cumbre
de los cielos he de ver,
o hacer que se disculpen
en mis locuras mis yerros,°   mistakes
885   o que ellas m[i]smas apuren
con excesos cuando pueden
con errores cuánto lucen

valor, agravio y mujer,
si en un sujeto se incluyen.

(*Vase.*)

JORNADA SEGUNDA

(Salen Estela y Lisarda.)

890 LISARDA	¿Qué te parece don Juan, Estela?
ESTELA	Bien, me parece.
LISARDA	Cualquier agrado merece
	por gentil hombre y galán.
	¡Qué gallardo, qué brioso,° dashing
895	qué alentado, qué valiente
	anduvo!
ESTELA	Forzosamente
	será bizarro y airoso,
	que en la elección de tu gusto
	calificó su buen aire.
900 LISARDA	Bueno está, prima, el donaire.° charm
	¿Y el de Pinoy?
ESTELA	No hay disgusto
	para mí como su nombre.
	¡Jesús! ¡Líbrenme los cielos
	de su ambición!
LISARDA	Mis desvelos° concerns
905	premie amor.
ESTELA	¡Qué bárbaro hombre!
LISARDA	¿Al fin, no le quieres?

ESTELA	No.
LISARDA	Por discreto y por gallardo,
	bien merece don Leonardo
	amor.
ESTELA	Ya, prima, llegó

910   a declararse el cuidado,
                    pues en término tan breve
                    tantos desvelos me debe,
                    tantas penas me ha costado.
                    La obligación de don Juan,
915   bien solicita en mi intento
                    forzoso agradecimiento.
                    Mas este adonis° galán,   *handsome youth*
                    este fénix° español,   *phœnix*
                    este Ganimedes[1] nuevo,
920   este dios de amor, mancebo,
                    este Narciso,[2] este sol,
                    de tal suerte en mi sentido
                    mudanza su vista ha hecho,
                    que no ha dejado en el pecho
925   ni aun memorias de otro olvido.

LISARDA	¡Gran mudanza!
ESTELA	Yo confieso
	que lo es; mas si mi elección
	jamás tuvo inclinación

---

[1] **Ganimedes** refers to Ganymede, in Greco-Latin classical literature he was a Trojan boy of unparalleled beauty.

[2] **Narciso** refers to Narcissus. In Greek mythology, a youth who was punished for repulsing Echo's love by being made to fall in love with his own reflection in a pool.

declarada, no fue exceso
930   rendirme.

LISARDA   A solicitar
sus dichas le trae amor.

ESTELA   Las mías, mejor dijeras.

(*Salen don Fernando, doña Leonor y Ribete.*)

D. FERNANDO   Ludovico, hermosa Estela,
me pide que os venga [a] hablar.
935   Don Juan es mi amigo y sé
que os rinde el alma don Juan;
y yo, humilde, a vuestras plantas...
¿Por dónde he de comenzar?
Que, ¡por Dios! que no me atrevo
940   a pediros...

ESTELA   Que pidáis
poco importa, don Fernando,
cuando tan lejos está
mi voluntad de elegir.

D. FERNANDO   Basta.

ESTELA   No me digáis más
945   de don Juan ni Ludovico.

D. FERNANDO ¡Qué dichoso desdeñar! (*Aparte*)   scorn

Pues me deja acción de amante.

LEONOR   Pues aborrece a don Juan
¡qué dichoso despedir!

950 ESTELA   Don Leonardo, ¿no me habláis
                 vos sin verme tantos días?
                 ¡Oh, qué mal cumplís, qué mal,
                 la ley de la cortesía,
                 la obligación de galán!

955 D. FERNANDO Pues, no os resolvéis, adiós.

    ESTELA   Adiós.

    D. FERNANDO Leonardo, ¿os quedáis?

    LEONOR   Sí, primo.

    ESTELA   A los dos por mí,
                 don Fernando, les dirás
                 que ni estoy enamorada,
960   ni me pretendo casar.

                 (*Vase don Fernando.*)

    LEONOR   Mi silencio, hermosa Estela,
                 mucho os dice sin hablar,
                 que es lengua el afecto mudo
                 que está confesando ya
965   los efectos que esos ojos
                 sólo pudieron causar
                 soles que imperiosamente°   lordly
                 de luz ostentando están
                 entre rayos y entre flechas,
970   bonanza y serenidad,
                 en el engaño, dulzura,
                 extrañeza en la beldad,
                 valentía en el donaire
                 y donaire en el mirar.

975   ¿En quién, sino en vos, se ve
         el rigor y la piedad
         con que dáis pena y dáis gloria,
         con que dáis vida y matáis?
         Poder sobre el albedrío°   free will
980   para inquietarle su paz,
         jurisdicción en el gusto,
         imperio en la voluntad,
         ¿quién, como vos, le ha tenido?
         ¿quién, como vos, le tendrá?
985   ¿Quién, sino vos, que sois sola,
         o ya sol o ya deidad,
         es dueño de cuanto mira,
         pues cuando más libre estáis,
         parece que lisonjera°   flatterer
990   con rendir y con matar
         hacéis ociosa la pena,
         hacéis apacible el mal,
         apetecible el rigor,
         inexcusable el penar?
995   Pues si no es de esa belleza
         la imperiosa majestad,
         gustosos desasosiegos°   restlessness
         en el valle ¿quién los da?
         Cuándo más rendida el alma
1000   pide a esos ojos piedad,
         más rigores examina,
         desengaños siente más.
         Y si humilde a vuestras manos
         sagrado viene a buscar,
1005   atreviéndose al jazmín,
         mirándose en el cristal,
         desengañada y corrida
         su designio vuelve atrás,
         pues gala haciendo el delito

1010 y lisonja la crueldad,
el homicidio cautela
que son, publicando están
quién voluntades cautiva,
quién roba la libertad.
1015 Discreta como hermosa,
a un mismo tiempo ostentáis
en el agrado aspereza,
halago° en la gravedad,   flattery
en los desvíos cordura,
1020 entereza en la beldad,
en el ofender disculpa
pues tenéis para matar
altiveces de hermosura
con secretos de deidad.
1025 Gala es en vos lo que pudo
ser defecto en la que más
se precia de airosa y bella,
porque el herir y el matar
a traición jamás halló
1030 sólo en vos disculpa igual.
Haced dichosa mi pena,
dad licencia a mi humildad
para que os sirva, si es justo
que a mi amor lo permitáis;
1035 que estas venturas, aquestos
favores que el alma ya
solicita en vuestra vista
o busca en vuestra piedad,
si vuestros ojos los niegan,
1040 ¿dónde se podrán hallar?

RIBETE Aquí gracia y después gloria,
amén, por siempre jamás.
¡Qué difícil asonante

		buscó Leonor! No hizo mal;	
1045		déle versos en agudo,	

pues que no le puede dar
otros agudos en prosa.

ESTELA   Don Leonardo, bastan ya
las lisonjas, que imagino
1050   que el ruiseñor° imitáis,   nightingale
que no canta enamorado
de sus celos al compás,
porque siente o porque quiere,
sino por querer cantar.
1055   Estimo las cortesías,
y a tener seguridad
las pagara con finezas.

LEONOR   Mi amor se acreditará
con experiencias; mas no
1060   habéis comparado mal
al canto del ruiseñor
de mi afecto la verdad,
pues si dulcemente grave
sobre el jazmín o rosal
1065   hace facistol,° adonde   conceited
suele contrapuntear°   dispute
bienvenidas al aurora,
aurora sois celestial,
dos soles son vuestros ojos,
1070   un cielo es vuestra beldad.
¡Qué mucho que ruiseñor
amante quiera engañar
en la gloria de miraros,
de no veros el penar!

1075 ESTELA   ¡Qué bien sabéis persuadir!

Basta, Leonardo, no más;
Esta noche en el terrero°   terrace
a solas os quiero hablar
por las rejas que al jardín
1080   se corresponden.

LEONOR   Irá
a obedeceros el alma.

ESTELA   Pues, adiós.

LEONOR   Adiós. Mandad,
bella Lisarda, en que os sirva.

LISARDA   Luego os veré.

LEONOR   Bien está.

(*Vanse las damas.*)

1085   ¿Qué te parece de Estela?

RIBETE   Que se va cumpliendo ya
mi vaticinio,° pues ciega,   divination
fuego imagina sacar
de dos pedernales° fríos.   flint
1090   ¡Qué bien que se entablara
el juego de amor, aunque ellas
muestre que picada está,
si para que 'se despique°   satisfy
no la puedes envidar°   bet
1095   si no es de falso, por ser
limitada tu caudal°   fortune
para empeño° tan forzoso!   obligation

LEONOR	Amor de mi parte está.

1100

LEONOR   Amor de mi parte está.
El Príncipe de Pinoy
es éste; su vanidad
se está leyendo en su talle;
mas me importa su amistad.

RIBETE   ¡Linda alhaja!°   jewel

(*Sale el Príncipe.*)

LUDOVICO   ¡Don Leonardo!

LEONOR   ¡Oh Príncipe! Un siglo ha
que no os veo.

LUDOVICO   Bien así
la amistad acreditáis.

LEONOR   Yo os juro por vida vuestra…

LUDOVICO   Basta; ¿para qué juráis?

LEONOR   ¿Qué hay de Estela?

LUDOVICO   ¿Qué hay de Estela?
Fernando la vino [a] hablar
y respondió desdeñosa:
que la deje, que no está
del príncipe enamorada
ni se pretende casar;
desaire° que me ha enfadado,   snub
por ser tan pública ya
mi pretensión.

LEONOR   ¿Sois mi amigo?

LUDOVICO	¿Quién merece la verdad
1120	de mi amor sino vos solo?

LEONOR   Mucho tengo que hablar
con vos.

RIBETE   Mira lo que haces. (*Aparte*)

LEONOR   Esto me importa; escuchad.
Estela se ha declarado
1125   conmigo; no la he de amar
por vos, aunque me importara
la vida, que la amistad
verdadera se conoce
en aquellos lances;° mas   intrigues
1130   del favor que me hiciere
dueño mi gusto os hára;
y para que desde luego
la pretensión consigáis,
al terrero aquesta noche
1135   quiero que la váis [a] hablar
disfrazado con mi nombre.

LUDOVICO   ¿Qué decís?

LEONOR   Que me debáis
estas finezas; venid,
que yo os dire lo demás.

(*Vanse los dos.*)

1140 RIBETE   ¿Qué intenta Leonor? ¿Qué es esto?
Mas es mujer, ¿qué no hará?
que la más compuesta tiene
mil pelos de Satanás.

(*Sale Tomillo.*)

TOMILLO	¡Vive Dios, que no sé dónde
1145	he de hallar a don Juan!

RIBETE   Este es el bufón que a Flora
                imagina desflorar,°   violate
                pregonadle° a uso de España.   announce in
                                             public

TOMILLO   ¡Oh paisano! ¿Qué será
1150   que las mismas pajarillas
                se me alegran[3] en pensar
                que veo españoles?

RIBETE   Esa es fuerza del natural.

TOMILLO   Al cuarto de don Fernando
1155   creo que asistís.

RIBETE   Es verdad,
                criado soy de su primo
                don Leonardo; ¿queréis más?

TOMILLO   ¿Cómo va de paga?

RIBETE   Paga adelantado.

1160 TOMILLO   ¿Y os da ración?

RIBETE   Como yo la quiero.

TOMILLO   No hay tanto bien por acá.

---

[3] **Pajarillas se me alegran** is a colloquial expression that means *to show happiness because of the sight or memory of something pleasant.*

¿De dónde sois?

RIBETE   De Madrid.[4]

TOMILLO   ¿Cuándo vinisteis de allá?

1165 RIBETE   ¡Bravo chasco!° Habrá seis meses.   fine trick

TOMILLO   ¿Qué hay en el lugar de nuevo?

RIBETE   Ya es todo muy viejo allá;
              sólo en esto de poetas
              hay notable novedad
1170   por innumerables, tanto,
              que aun quieren poetizar
              las mujeres y se atreven
              a hacer comedias ya.

TOMILLO   ¡Válgame Dios! Pues ¿no fuera
1175   mejor coser e hilar?
              ¿Mujeres poetas?

RIBETE   Sí;
              mas no es nuevo; pues están
              Argentaria,[5] Sofoareta,[6]
              Blesilla,[7] y más de un millar

---

[4] Ribete is not from Madrid.

[5] **Argentaria** refers to Polla Argentaria, the wife of the Roman poet Lucan.

[6] **Sofoarete.** Ribete mispronounces the name of Sappho, a female poet of ancient Greece, known through her work: ten books of verse published by the third and second centuries B.C.E. **Areta,** arete is the most articulated value in Greek culture. Translated as "virtue," the word means "being the best you can be," or "reaching your highest human potential."

[7] **Blasilla,** Blaesilla, was the widow of Rome, the daughter of St. Paula

1180   de modernas, que hoy a Italia
                lustre soberano dan,
                disculpando la osadía
                de su nueva vanidad.

TOMILLO   Y decidme…

RIBETE   ¡Voto a Cristo,
1185   que ése es mucho preguntar!

(Vanse y sale don Juan.)

DON JUAN   Tanta inquietud en el pecho,
                tanta pasión en el alma,
                en el sosiego tal calma,
                en el vivir tal despecho;
1190   tal penar mal satisfecho,
                tal temblar y tal arder,
                tal gusto en el padecer,
                sobornando los desvelos,
                sin duda; si no son celos,
1195   que infiernos deben de ser.
                ¿De qué sirvió la ocasión
                en que me puso la suerte,
                si della misma se advierte
                cuán pocas mis dichas son?
1200   Mi amor y su obligación
                reconoce Estela hermosa;
                mas, ¿qué importa, si dudosa,
                o no quiere o no se atreve,
                siendo a mis incendios nieve,
1205   y a otro calor mariposa?

---

and a disciple of St. Jerome. She died at the age of twenty-three from a fever.

Con justa causa acobardo
o el amor o la esperanza,
pues tan poca dicha alcanza
cuando tanto premio aguardo.
1210 Este primo, este Leonardo,
de don Fernando, en rigor,
galán se ha opuesto a mi amor;
pero, ¿no es bien que me asombre
si habla, rostro, talle y nombre
1215 vino a tener de Leonor?
Que, ¿quién sino quien retrata
su aborrecido traslado,
pudiera haber malogrado
suerte tan dichosa y grata?
1220 Ausente me ofende y mata
con aparentes antojos°   whims
de suerte que a mis enojos
dice el gusto, y no se engaña,
que Leonor vino de España
1225 sólo a quebrarme los ojos.
El de Pinoy sirve a Estela,
y amigo del de Pinoy
es don Leonardo, a quién hoy
su mudable gusto apela.
1230 Yo, perdida centinela,
desde lejos miro el fuego,
y al temor concedo y niego
mis penas y mis favores,
el pecho un volcán de ardores,
1235 el alma un Etna[8] de fuego.
"Más merece quien más ama,"
dijo un ingenio divino;

---

[8] **Etna.** In mythology, Ætna was identified as the location of the forge of Vulcan, home of the Cyclopses.

yo he de amar, porque imagino
que algún mérito me llama.
1240   Goce del laurel la rama
el que Fortuna eligió,
pues si indigno la gozó,
es cierto, si bien se advierte
que le pudo dar la suerte,
1245   dicha sí, mérito no.

(*Sale Ribete.*)

RIBETE   ¡Qué ciegos intentos dan
a Leonor desasosiego!
Mas si van siguiendo a un ciego,
¿qué vista tener podrán?
1250   Mándame que dé a don Juan
este papel por de Estela,
que como amor la desvela,
por desvanecer su daño
busca engaño contra engaño,
1255   cautela contra cautela.
¡A qué buen tiempo le veo!
Quiero darle el alegrón.°   unexpected joy

DON JUAN   Yo he de amar sin galardón
y conquistar sin trofeo.

1260 RIBETE   A cierto dichoso empleo
os llama fortuna ahora
por este papel.

DON JUAN   Ignora
la novedad mi desgracia.

RIBETE   Y es de Estela, por la gracia

1265   de Dios, Condesa de Sora.

DON JUAN   El papel beso mil veces
            por suyo; dejadme leer.

RIBETE   Leed, que a fe que ha de ser (*Aparte*)
            más el ruido que las nueces.

1270 DON JUAN   Dichoso, fortuna, yo,
                 pues ya llego a persuadirme
                 a que merezco por firme,
                 si por venturoso no;
                 mi constancia al fin venció
1275   de Estela hermosa el desdén,
                 pues me llama; a espacio ven,
                 dicha, porque en gloria tal,
                 ya que no me mató el mal,
                 me podrá matar el bien.

1280 RIBETE   Bien lo entiende.

DON JUAN   Esta cadena
               hoy doy, y os quisiera dar
               un mundo. ¡Dulce papel!

RIBETE   Pues a fe que lleva en él (*Aparte*)
               menos de lo que ha pensado.

1285 DON JUAN   No sé si es verdad o sueño,
                ni me atrevo a responder.
                Amigo, el obedecer
                será mi gustoso empeño;
                decid a mi hermoso dueño
1290   que soy suyo.

| RIBETE | Pues, adiós. |

| DON JUAN | El mismo vaya con vos.
| | Oíd, procuradme hablar,
| | porque habemos de quedar
| | grandes amigos los dos. |

1295 RIBETE   ¡Oh! Pues eso claro está.

(*Vase.*)

DON JUAN   Aprisa,° luciente coche   quickly
              da lugar al de la noche,
              que oscuro te sigue ya.
              Hoy mi esperanza hará
1300   de su dicha ostentación,
              pues Estela me da acción,
              y aunque el premio halle tardanza,
              más vale una alta esperanza
              que una humilde posesión.

(*Vase y sale Dª Leonor de noche.*)

1305 LEONOR   ¿Dònde, ¡ay! locos desatinos,
              me lleva con paso errante
              de amor la bárbara fuerza?
              ¿Cómo en tantas ceguedades°   blindness
              atropellando imposibles,
1310   a creer me persuade
              que he de vencer? ¡Ay, honor,
              qué me cuestas de pesares,
              qué me debes de zozobras,°   anxiety
              en qué me pones de ultrajes!°   outrage
1315   ¡Oh, si Ribete acabase
              de venir, para saber

             si tuvo dicha de darle
             el papel a aquel ingrato
             que a tantos riesgos me trae!
1320   Mas ya viene: ¿qué hay, Ribete!

             (*Sale Ribete.*)

RIBETE   Que llegué: que di a aquel ángel
             el papel que me rindió
             este despojo° brillante,   spoils
             pensando que era de Estela;
1325   que me dijo que dictase
             por ella a su dueño hermoso,
             que era suyo, y vendrá a hablarle.

LEONOR   Bien está.

RIBETE   Y ¿estás resuelta?

LEONOR   Esta noche ha de entablarse°   lay out
1330   o mi remedio, o mi muerte.

RIBETE   Mira, Leonor, lo que haces.

LEONOR   Esto ha de ser.

RIBETE   ¡Quiera Dios!
             que no 'des con todo al traste.°   fail

LEONOR   ¡Qué mal conoces mi brío!

1335 RIBETE   ¿Quién dice que eres cobarde?
             Cátate° aquí muy valiente,   judge
             muy diestra,° muy arrogante,   skilled
             muy alentada, y al fin,

un sepancuantos° de Marte   box on the ear
que hace a diestros y a siniestros[9]
estragos y mortandades°   death
con el ánimo. Y la fuerza,
di, señora, ¿dónde está?

LEONOR   Semiramis,[10] ¿no fue heroica?
1345   Cenobia, Drusila, Draznes,
Camila,[11] y otras cien mil,
¿no sirvieron de ejemplares
a mil varones famosos?
Demás de que el encontrarle
1350   es contingente, que yo
sólo quise adelantarme
tan temprano por hacer
que el Príncipe a Estela hable
sin ver a don Juan, Ribete.

1355 RIBETE   Pues ánimo y adelante,
que ya estás en el terrero,
y aquestas ventanas salen
al cuarto de la Condesa,

---

[9] **Hace a diestros y a siniestros** *to do without good judgement*

[10] **Semiramis** lived in the 9th century B.C. King Ninus of Babylon became captivated by the beauty of Semiramis, and after her first husband committed suicide, he married her. Semiramis, now Queen of Babylon, convinced Ninus to make her "Regent for a Day." He did so, and on that day she had him executed, and took the throne.

[11] **Cenobia, Drusila, Draznes, Camila.** Zenobia of Palmyra refers to the third-century queen of Palmyra (in modern Syria), **Livia Drusilla** (58 B.C.-29 A.D.) took the name Julia Augusta following the death of her husband Augustus in A.D. 14, served as empress with her husband and unwanted advisor to her son Tiberius. **Draznes**, is an obscure reference. **Camilla**, in Roman mythology, was a legendary warrior maiden and favorite of Diana.

que aquí me habló la otra tarde.

1360 LEONOR Pues, Ribete, donde dije
     ten prevenidas las llaves
     que te dio Fineo.

RIBETE   Bien;
     ¿son las que a este cuarto hacen,
     junto al de Estela, que tiene
1365   balcones a esotra parte
     de Palacio, y ahora está
     vacío e inhabitable?

LEONOR Sí, y con un vestido mío
     me has de esperar donde sabes,
1370   porque me importa el vivir.

RIBETE No, importa más el quedarme
     y defenderte, si acaso
     don Juan...

LEONOR   ¡Oh, qué necedades!
     Yo sé lo que puedo, amigo.

1375 RIBETE Pues si lo que puedes sabes,
     quédate, señora, adiós.

     (*Vase.*)

LEONOR Temprano vine por ver
     si a don Juan también le trae
     su desvelo; y quiera Dios
1380   que Ludovico se tarde
     por si viniere.

DON JUAN   No en vano
temí que el puesto ocupase
gente; un hombre solo es, quiero
reconocerle.

LEONOR   Buen talle
1385   tiene aquéste. ¿Si es don Juan?
Quiero más cerca llegarme
y conocer, si es posible,
quién es.

DON JUAN   Si aquéste hablase,
sabré si es el de Pinoy.

(Van llegando uno a otro.)

1390 LEONOR   Yo me determino a hablarte
para salir desta duda.
¿Quién va, hidalgo?

DON JUAN   Quien sabe ir donde le parece.

LEONOR   Él es. ¡Respuesta galante! *(Aparte)*
1395   No irá sino quiero yo.

DON JUAN   ¿Quién sois vos para estorbarme
que me esté o me vaya?

LEONOR   El diablo.

DON JUAN   ¿El diablo? ¡Lindo descarte!°   evasion
Es poco un diablo.

LEONOR   Ciento,
1400   mil millares de millares

soy si me enojo.

DON JUAN ¡Gran tropa!

LEONOR ¿Burláisos?° are you joking?

DON JUAN No soy bastante
a defenderme de tantos;
y así, os pido, si humildades
1405 corteses valen con diablos,
que los llevéis a otra parte,
que aquí, ¿qué pueden querer?
Estime que aquí me halle (*Aparte*)
éste alentado° y que temo spirited
1410 perder el dichoso lance
de hablar a Estela esta noche.

LEONOR Digo yo que querrán darle
a los como vos ingratos
dos docenas de pesares.

1415 DON JUAN ¿Y si no los quiero?

LEONOR ¿No?

DON JUAN Demonios muy criminales
traéis; moderaos un poco.

LEONOR Vos muy civiles donaires.
O nos hemos de matar,
1420 o solo habéis de dejarme
en este puesto, que importa.

DON JUAN ¿Hay tal locura? Bastante
prueba es ya de mi cordura

                 sufrir estos disparates;

1425   pero me importa: el matarnos

                 fuera desdicha notable,

                 y el irme será mayor;

                 que los hombres de mis partes

                 jamás violentan su gusto

1430   con tan precisos desaires;

                 demás de que tengo dada

                 palabra aquí, de guardarle

                 el puesto a un amigo.

LEONOR   Bien;

                 si como es justo guardasen

1435   los hombres de vuestras prendas

                 otros preceptos más graves

                 en la ley de la razón

                 y la justicia, ¡qué tarde

                 ocasionaran venganzas!

1440   Mas, ¿para qué quien no sabe

                 cumplir palabras, las da?

                 ¿Es gentileza, es donaire,

                 es gala, o es bizarría?

DON JUAN   Este me tiene por alguien (*Aparte*)

1445   que le ha ofendido; bien puedo

                 dejarle por ignorante.

                 No os entiendo, ¡por Dios vivo!

LEONOR   Pues yo sí me entiendo, y baste

                 saber que os conozco, pues

1450   sabéis que hablo verdades.

DON JUAN   Vuestro arrojamiento indica

                 ánimo y valor tan grande,

                 que os estoy aficionado.°   fond of

LEONOR   Aficionado es en balde;
1455   no es ésta la vez primera
                 que de mi os aficionasteis,
                 mas fue ficción, porque sois
                 aleve, ingrato, mudable,
                 injusto, engañador, falso,
1460   perjuro, bárbaro, fácil,
                 sin Dios, sin fe, sin palabra.

DON JUAN   Mirad que no he dado a nadie
                 ocasión para que así
                 en mi descrédito hable,
1465   y por estar donde estáis
                 escucho de vos ultrajes
                 que no entiendo.

LEONOR   ¿No entendéis?
                 ¿No sois vos el inconstante
                 que finge, promete, jura,
1470   ruega, obliga, persuade,
                 empeña palabra y fe
                 de noble y falta a su sangre,
                 a su honor y obligaciones,
                 fugitivo al primer lance,
1475   que se va sin despedirse
                 y que aborrece sin darle
                 ocasión?

DON JUAN   Os engañáis.

LEONOR   Más valdrá que yo me engañe.
                 ¡Gran hombre sois de una fuga!

1480 DON JUAN   Más cierto será que falte

luz a los rayos del sol,
que dejar yo de guardarle
mi palabra a quien la di.

LEONOR

1485

Pues mirad: yo sé quién sabe
que disteis una palabra,
que hicisteis pleito homenaje
de no quebrarla, y apenas
disteis al deseo alcance,
cuando se acabó.

DON JUAN   Engañáisos.

1490 LEONOR   Más valdrá que yo me engañe.

DON JUAN   No entiendo lo que decís.

LEONOR   Yo sí lo entiendo.

DON JUAN   Escuchadme.

LEONOR   No quiero de vuestros labios
escuchar más falsedades,

1495   que dirán engaños nuevos.

DON JUAN   Reparad...°   pay attention

LEONOR   No hay que repare,
pues no reparasteis vos;
sacad la espada.

DON JUAN   Excusarse
no puede ya mi cordura

1500   ni mi valor, porque es lance
forzoso.

(*Comienzan a reñir y sale el Príncipe*)

LEONOR   Aquí don Leonardo
me dijo que le esperase
y sospecho que se tarda.

DON JUAN   Ya procuró acreditarse
1505   mi paciencia de cortés,
conociendo que me hablasteis
por otro; pero no habéis
querido excusar los lances.

LUDOVICO   ¡Espadas en el terrero!

1510 LEONOR   ¡Ejemplo de desleales,
bien os conozco!

DON JUAN   ¡Ea,[12] pues,
riñamos.

(*Riñen*)

LUDOVICO   ¡Fortuna, acabe
mi competencia! Don Juan
es éste, y podré matarle
1515   ayudando a su enemigo.

(*Pónese al lado de Leonor.*)

Pues estoy de vuestra parte,
¡Muera el villano!

---

[12] **Ea** is used to awaken attention; an interjection of inference equal to *Well then!*

LEONOR	No hará,

(Pónese al lado de don Juan.)

que basta para librarle
de mil muertes mi valor.

1520 DON JUAN   ¿Hay suceso más notable?

LUDOVICO   ¿A quién procura ofenderos defendéis?

LEONOR   Puede importarme su vida.

DON JUAN   ¿Qué es esto, cielos?
¿Tal mudanza en un instante?

1525 LUDOVICO   ¡Ah, quién matara a don Juan!

LEONOR   No os habrá de ser muy fácil,
que soy yo quien le defiende.

LUDOVICO   ¡Terribles golpes!

LEONOR   Más vale,
pues aquesto no os importa,
1530   iros caballero, antes
que os cueste...

LUDOVICO   El primer consejo *(Aparte)*
del contrario es favorable;
a mí no me han conocido;
mejor será retirarme,
1535   no espere Estela.

(Vase retirando, y Leonor tras él.)

LEONOR   Eso sí.

DON JUAN   Vos sois bizarro y galante.
                  ¡Válgame el cielo! ¿Qué es esto?
                  Que este hombre me ocasionase
                  a reñir, y con la espada
1540   hiciese tan desiguales
                  el enojo y la razón!
                  ¡Qué tan resuelto durase
                  darme muerte y que en un punto
                  me defendiese! Este es lance
1545   que lo imagino imposible.
                  Que puede, dijo, importarle
                  mi vida; y cuando brioso
                  a reñir me persuade,
                  ¡al que me ofende resiste!
1550   ¡No entiendo estas novedades!

                  (*Sale dª Leonor.*)

LEONOR   ¡Ea, ya se fue; volvamos
                 a reñir!

DON JUAN   El obligarme
                 y el ofenderme quisiera
                 saber ¡por Dios! de qué nace;
1555   yo no he de reñir con vos,
                 hidalgo;[13] prueba bastante
                 de que soy agradecido.

LEONOR   Tendréis a favor muy grande
                 el haberos defendido

---

[13] An **hidalgo** is a Spanish nobleman of the lowest rank.

1560   y ayudado. ¡Qué mal sabe
            conocer vuestro designio!
            La intención de mi dictamen,°   opinion
            con justa causa ofendido
            de vos. ¡No quise que nadie
1565   tuviese parte en la gloria
            que ya espero con vengarme,
            pues no era victoria mía
            que otro valor me usurpase
            el triunfo, ni fuera gusto
1570   o lisonja el ayudarme,
            pues con eso mi venganza
            fuera menos memorable
            cuando está toda mi dicha
            en mataros solo.

DON JUAN   Si alguien
1575   os ha ofendido, y creéis
            que soy yo, engañáisos.

LEONOR   Antes fui el engañado, ya no.

DON JUAN   Pues, decid quién sois.

LEONOR   'En balde°   in vain
            procura saber quién soy
1580   quien tan mal pagar me sabe.
            El Príncipe de Pinoy
            era el que seguí bastante
            ocasión para que vuelva
            le he dado; quiero excusarme
1585   de verle; quedaos que a mí
            no me importa aquesto, y si antes
            os provoqué, no fue acaso.

DON JUAN	¿Quién sois? Decid.

LEONOR   No se hable
en eso, creed que mi agravio
1590   os buscará en otra parte.

DON JUAN   Escuchad, oíd.

LEONOR   No es posible;
yo os buscaré, aquesto baste.

(*Vase.*)

DON JUAN   ¡Vive Dios, que he de seguirle
sólo por saber si sabe
1595   que soy yo con quien habló,
que recuerdos semejantes
de mi suceso, no sé
que pueda saberlos nadie.

(*Vase, y sale Estela a la ventana.*)

ESTELA   Mucho Leonardo tarda
1600   que se sosieguen en Palacio aguarda,
si no es que de otros brazos
le entretienen gustosos embarazos.
¡Oh, qué mal en su ausencia me divierto!
Haga el amor este temor incierto.
1605   Ya sospecho que viene.

(*Sale el de Pinoy*)

LUDOVICO   ¡Válgame el cielo! ¿Dónde se detiene
Leonardo a aquesta hora?
Hablar oí.

ESTELA   ¿Es Leonardo?

LUDOVICO   Soy, señora,
1610   (quiero fingirme él mismo) vuestro esclavo,
       que ya por serlo mi ventura alabo.

ESTELA   Confusa os aguardaba mi esperanza.

LUDOVICO   Toda mi dicha ha estado en mi tardanza.

ESTELA   ¿Cómo?

LUDOVICO   Porque os ha dado,
1615   hermosísima Estela, ese cuidado.

ESTELA   ¿En qué os habéis entretenido?

LUDOVICO   Un rato jugué.

ESTELA   ¿Ganasteis?

LUDOVICO   Sí.

ESTELA   Dadme barato.

LUDOVICO   ¿Qué me queda que daros, si soy todo
1620   vuestro?

ESTELA   Para excusaros buscáis modo;
       llegáos más cerca, oíd.

LUDOVICO   ¡Dichoso empleo!

       (*Sale Dª Leonor.*)

LEONOR	Si le hablo, consigue mi deseo
	el más felíz engaño;
1625	pues teniendo de Estela desengaño,
	podrá dejar la pretensión…

(Sale don Juan.)

DON JUAN	¡Qué fuese
	siguiéndole, y al cabo le perdiese
	al volver de Palacio!

LEONOR	Este es don Juan: ¡a espacio, amor,
1630	a espacio! Que esta noche me pones
	de perderme y ganarme en ocasiones.

| DON JUAN | Esta es, sin duda, Estela. |

| LEONOR | ¿Quién es? |

DON JUAN	Una perdida centinela
	de la guerra de amor.

LEONOR	¡Bravo soldado!
1635	¿Es don Juan?

DON JUAN	Es quien tiene a ese sol dado
	del alma el rendimiento,
	memoria, voluntad y entendimiento,
	con gustosa violencia;
1640	de suerte que no hay acto de potencia
	libre en mí que ejercite,
	razón que juzgue, fuerza que limite,
	que a vos no esté sujeta.

| LEONOR | ¿Qué tanto me queréis? |

1645 DON JUAN   Vos sois discreta
                       y sabéis que adoraros
                       es fuerza, si al cristal queréis miraros.

LEONOR   Desengaños me ofrece,
                       si ambiciosa
1650   tal vez estuvo en la pasión dudosa
                       la vanidad.

DON JUAN   Será cristal obscuro...

LEONOR   Ahora, señor don Juan, yo no procuro
                       lisonjas al pincel° de mi retrato,   painter
                       solo os quisiera ver menos ingrato.

1655 DON JUAN   ¿Yo ingrato? ¡Quiera el cielo,
                       si no os adora mi amoroso celo,
                       que sea aqueste mi último fracaso!

LEONOR   Que, ¿no me conocéis? vamos al caso.
                       ¿Cómo queréis que os crea,
1660   si no era necia, fea,
                       pobre, humilde, villana,
                       doña Leonor, la dama sevillana?
                       Y ya sabéis, ingrato, habéis burlado
                       con su honor la verdad de su cuidado.

1665 DON JUAN   ¿Qué Leonor o qué dama?

LEONOR   Llegaos más cerca, oíd: nunca la fama
                       se engaña totalmente,
                       y yo sé que no miente.

DON JUAN   ¡Que me haya don Fernando descubierto! (*Aparte*)

1670 LUDOVICO	De que soy vuestro esclavo estoy bien cierto,
	mas no de que os desvela
	mi amor, hermosa Estela.
	Quiero saber lo que Leonardo quiere.
	Yo sé que el de Pinoy por vos se muere;
1675	es rico, es noble, es príncipe en efecto,
	y aunque atropella amor todo respeto
	no me juzgo dichoso.
ESTELA	Por cansado, soberbio y ambicioso,
	aun su nombre aborrezco.
1680 LUDOVICO	¡Ah, ingrata, bien merezco
	que anticipéis mi amor a sus favores!
LEONOR	¿De qué sirven retóricos colores?
	Ya confesáis su amor.
DON JUAN	Ya lo confieso.
1685 LEONOR	Pues lo demás será traición, exceso.
DON JUAN	Que la quise es muy cierto,
	mas no ofendí su honor, esto os advierto.

LEONOR   Muy fácil sois, don Juan; pues, ¿sin gozalla°   enjoying her
            pudisteis olvidalla?

1690 DON JUAN   Sola vuestra beldad tiene la culpa.

LEONOR   ¿Mi beldad? ¡No está mala la disculpa!
            Si os andáis a querer a las más bellas,
            iréis dejando aquéstas por aquéllas.

DON JUAN   ¡Oíd, por vida vuestra!

1695 ESTELA   Yo haré de mis finezas clara muestra. *(Aparte)*

LUDOVICO   ¿Qué decís de don Juan?

ESTELA   Que no me agrada
para quererle; sólo a vos os quiero.

LUDOVICO   De que así me queráis me desespero.

DON JUAN   ¡Que ya lo sepa Estela! ¡Yo estoy loco!

1700 LEONOR   Decíd, don Juan, decid.

DON JUAN   Oíd un poco:
como el que ve de la aurora
la estrella o claro lucero,
de su lumbre mensajero,
cuando el horizonte dora,
1705   que se admira, y se enamora
de su brillante arrebol,
pero saliendo el farol
del cielo, luciente y puro,
el lucero llama oscuro,
1710   viendo tan hermoso el sol,
así yo, que a Leonor vi,
si de lucero° o estrella,   bright star
adoré su lumbre bella
y su mariposa fui;
1715   mas luego, mirando en ti
del sol luciente ensayos,
hallé sombras y desmayos
en la vista de mi amor,
que es poca estrella Leonor,
1720   y eres sol con muchos rayos.

LUDOVICO	Pues yo sé que a don Juan se vio obligado
	vuestro amante cuidado.

ESTELA   Negarlo engaño fuera
mas fue… escuchad.

1725 LUDOVICO   Decid.

ESTELA   Desta manera
como es que en selva umbrosa°   shady
o jardín, ve de colores
una provincia de flores,
pura, fragante y hermosa,
1730   que se aficiona a la rosa
por su belleza, y al fin
halla en la selva o jardín
un jazmín, y porque sabe
que es el jazmín más suave,
1735   la deja y coge el jazmín,
así yo, que vi a don Juan,
rosa que a la vista agrada,
de su valor obligada,
pude admitirle galán;
1740   mas siendo tu vista imán
de mi sentido, escogí
lo que más hermoso vi,
pues aunque la rosa admiro,
eres el jazmín, y miro
1745   más fragante gala en ti.

LEONOR   De suerte, que la estrella
precursora del sol, luciente y bella,
¿fue Leonor?

DON JUAN   Sí.

LEONOR   ¡Con cuántas penas luchó! (*Aparte*)

1750   Pues escuchad.

DON JUAN   Decid que ya os escucho.

LEONOR   El que en la tiniebla oscura
                de alguna noche camina,
                adora por peregrina
1755   del lucero la luz pura;
                sólo en su lumbre asegura
                de su guía la esperanza,
                y aunque ya del sol le alcanza
                el rayo, está agradecido
1760   al lucero, porque ha sido
                de su tormenta bonanza.
                Tú en el oscuro contraste
                de la noche de tu amor,
                el lucero de Leonor,
1765   norte a tus penas miraste;
                guióte, más olvidaste
                como ingrato la centella
                de su lumbre clara y bella
                antes de amar mi arrebol.
1770   ¿Ves cómo sin ver el sol
                aborreciste la estrella?

LUDOVICO   Metáfora curiosa
                ha sido, Estela, comparar la rosa
                a don Juan por su gala y bizarría.

1775 ESTELA   Engañáisos.

LUDOVICO   Oíd, ¡por vida mía!
                El que eligió en el jardín

el jazmín, no fue discreto,
que no tiene olor perfecto,
si se marchita, el jazmín:
1780 la rosa hasta su fin,
porque aun su morir le alabe,
tiene olor muy dulce y grave,
fragancia más olorosa;
luego es mejor flor la rosa,
1785 y el jazmín menos suave.
Tú, que rosa y jazmín ves,
admites la pompa breve
del jazmín, fragante nieve
que un soplo al céfiro° es;   a mild wind
1790 mas conociendo después
la altiva lisonja hermosa
de la rosa codiciosa,
la antepondrás a mi amor,
que es el jazmín poca flor,
1795 mucha fragancia la rosa.

DON JUAN   ¡Sofístico argumento!

LEONOR   Perdonad, yo os he dicho lo que siento;
volved, volved a España,
que no es honrosa hazaña
1800 burlar° una mujer ilustre y noble.   to seduce

DON JUAN   Por sólo amaros, la aborrece al doble
mi voluntad, y ved qué premio alcanza.

LEONOR   Pues perded la esperanza,
que sólo os he llamado
1805 por dejaros, don Juan, desengañado.

ESTELA   ¡Fáciles paradojas

íntimas, don Leonardo, a mis congojas!°   anguish
Yo he de quererte firme
sin poder persuadirme
1810   a que deje de amar, desdicha alguna.

LUDOVICO   Triunfo seré dichoso de fortuna,
o ya jazmín o rosa.

ESTELA   Adiós, que sale ya la aurora hermosa
entre luz y arreboles.

LUDOVICO   No os vais,
1815   para que envidie vuestros soles.

ESTELA   Lisonjas; vedme luego y adiós.

LUDOVICO   Sin vuestros rayos quedo ciego.

DON JUAN   ¡Que así se fuese Estela!
¿Hay tal despecho?
1820   El corazón da golpes en el pecho
por dejar la prisión en que se halla,
la vida muere en la civil batalla
de sus propios deseos.
Al alma afligen locos devaneos,°   nonsense
1825   y en un confuso caos está dudando;
la culpa desto tiene don Fernando.
¿Qué haré, Estela ingrata?

LUDOVICO   Aunque tan mal me trata
tu amor, ingrata Estela,
1830   mi engaño o mi cautela,
ya que no el adorarte,
en mis dichas tendrán la mayor parte.

(*Vase.*)

DON JUAN   Mas ¿cómo desconfío?
¿Dónde está mi valor, dónde mi brío?
1835   Yo he de seguir esta amorosa empresa°;   undertaking
yo he de amar la Condesa;
yo he de ponerme firme a todo el mundo;
yo he de hacer que mi afecto sin segundo
conquiste sus desdenes;
1840   yo he de adorar sus males por mis bienes.
Confiéranse en mi daño
ira, enojo, tibieza,° desengaño,   indifference
odio, aborrecimiento;
apóquese° la vida en el tormento   humble oneself
1845   de mi pena importuna,
que si ayuda fortuna
al que osado se atreve,
sea la vida breve
y el tormento crecido,
1850   osado y atrevido,
con firmeza resuelta,
de su inconstancia me opondré a la vuelta.

JORNADA TERCERA

(Sale don Fernando y don Juan.)

D. FERNANDO   Si para satisfaceros
a mi crédito importara
1855   dar al peligro la vida,
arrojar al riesgo el alma,
no dudéis, don Juan, lo hiciera.
¿Yo a Estela? Mi propia espada
me mate si…

DON JUAN   Don Fernando,
1860   paso; mil veces mal haya
quien malquistó° tantas dichas,   alienated
dando a tantos males causa.
Yo os creo, mas ¡Vive Dios!,
que no sé que en Flandes haya
1865   hombre que sepa mi historia.

D. FERNANDO   En mi valor fuera infamia,°   dishonor
cuanto más en mi afición
que se precia muy de hidalga
y amante vuestra.

DON JUAN   Es agravio
1870   después de desengañada
la mía, satisfacerme.
¡Por Dios, que me sangra a pausas
la pena de no saber
quién tan descompuesto habla
1875   de mis cosas! ¡Yo estoy loco!
¡Qué de penas, miedos y ansias

me afligen!

D. FERNANDO   Estela viene.

(*Salen Estela y Lisarda.*)

DON JUAN   Inquiete la espera el alma;
                 no le digáis nada vos.

1880 D. FERNANDO   Estela hermosa, Lisarda
                 bella, hoy amanece tarde,
                 pues juntas el sol y el alba
                 venís.

LISARDA   Hipérbole nuevo.

DON JUAN   No es nuevo, pues siempre abrasa
1885   el sol de Estela y da luz
                 vuestro rostro, aurora clara.

ESTELA   Señor don Juan, bueno está.
                 ¿Tantas veces obligada
                 a valor y a cortesiás
1890   queréis que esté?

DON JUAN   Mi desgracia
                 jamás acierta a agradaros,
                 pues siempre esquiva e ingrata
                 me castigáis.

ESTELA   No, don Juan,
                 ingrata no, descuidada
1895   puedo haber sido en serviros.

DON JUAN   Vuestros descuidos me matan.

ESTELA	Siempre soy vuestra, don Juan,
	y quiera Dios que yo valga
	para serviros; veréis
1900	cuán agradecida paga
	mi voluntad vuestro afecto.

DON JUAN   Don Fernando, ¡gran mudanza!

D. FERNANDO ¿Ves como estás engañado?
             Hoy mis intentos acaban. (*Aparte.*)

1905 DON JUAN   Decidme ¡por vida vuestra!
             una verdad.

ESTELA   Pregunta[dl]a.

DON JUAN   ¿Diréisla?

ESTELA   ¡Sí, por mi vida!

DON JUAN   ¿Quién os dijo que en España
             serví, enamoré y gocé
1910   a doña Leonor, la dama
             de Sevilla?

ESTELA   ¿Quién? Vos mismo.

DON JUAN   ¿Yo? ¿Cuándo?

ESTELA   ¿Ahora no acaba
             de despertar vuestra lengua
             desengaño en mi ignorancia?

1915 DON JUAN   Y antes, ¿quién?

ESTELA   Nadie, a fe mía.

DON JUAN   Pues, ¿cómo tan enojada
                 me hablasteis en el terrero
                 la otra noche?

ESTELA   ¿Oyes, Lisarda?
                 Don Juan dice que le hablé.

1920 LISARDA   Bien claro está que se engaña.

DON JUAN   ¿Cómo engaño? ¿No dijisteis
                 que una dama sevillana
                 fue trofeo de mi amor?

ESTELA   Don Juan, para burla basta
1925   que no lo sé hasta ahora;
                 no, ¡por quien soy!, ni palabra
                 os hablé desto en mi vida
                 en terrero ni ventana.

DON JUAN   ¡Vive el cielo que estoy loco!
1930   Sin duda Estela me ama
                 y quiere disimular
                 por don Fernando y Lisarda,
                 porque negar que mi dijo
                 verdades tan declaradas
1935   no carece de misterio.
                 Ea, amor, ¡al arma, al arma!,
                 pensamientos amorosos,
                 volvamos a la batalla,
                 pues está animando Estela
1940   vuestras dulces esperanzas.
                 Yo quiero disimular.
                 Perdonad que me burlaba

por entretener el tiempo.

D. FERNANDO La burla ha sido extremada,
1945   más pienso que contra vos.

LISARDA   ¿Era, don Juan, vuestra dama
            muy hermosa? Porque tienen
            las sevillanas gran fama.

DON JUAN   Todo fue burla ¡por Dios!

1950 ESTELA Si acaso quedó burlada,
            burla sería, don Juan.

DON JUAN   No, a fe. ¿Quién imaginara
            este suceso? ¡Oh amor!
            ¿Qué es esto que por mí pasa?
1955   Ya me favorece Estela,
            ya me despide y se agravia
            de que la pretenda, ya
            me obliga y desengaña,
            ya niega el favorecerme,
1960   ya se muestra afable y grata;
            y yo, incontrastable roca
            al furor de sus mudanzas,
            mar que siempre crece en olas,
            no me canso en adorarla.

1965 D. FERNANDO Sabe el cielo cuanto estimo
            que favorezcáis mi causa
            por lo que quiero a Don Juan.
            Este equivoco declara (*Aparte*)
            amor a la bella Estela.
1970   Y así os pido, ¡ah quién hablara
            por sí mismo!, que le honréis.

| | ¡Oh amistad, y cuánto allanas!° | pacify |

ESTELA   Yo hablaré con vos después;
don Juan tened con las damas
1975   más firme correspondencia.

DON JUAN   Injustamente me agravia
vuestro desdén, bella Estela.

ESTELA   Leonor[1] fue la agraviada.

DON JUAN   No quiero dar a entender (*Aparte*)
1980   que la entiendo. Pues se cansa
de verme Estela, Fernando,
vamos.

D. FERNANDO   Venid. ¡Qué enojada
la tenéis! Adiós, señoras.

ESTELA   Adiós. ¿Hay más razonada quimera°?   dispute

1985 LISARDA   ¿Qué es esto, prima?

ESTELA   No sé, ¡por tu vida!, aguarda.
Curiosidad de mujer
es ésta, a Tomillo llama
que él nos dirá la verdad.

1990 LISARDA   Dices bien. Tomillo...

(*Sale Tomillo.*)

---

[1] **Leonor.** In the manuscript it reads **Leonora**

TOMILLO   ¿Mandas
en qué te pueda servir?

ESTELA   Si una verdad me declaras,
aqueste bolsillo es tuyo.

TOMILLO   Ea, pregunta.

ESTELA   ¿Quién fue, dime,
1995   una Leonor que hablaba
don Juan en Sevilla?

TOMILLO   ¿Quién?
¡Ah, sí! ¡Ah sí! No me acordaba.
Norilla la Cantonera,°   prostitute
que vivía a Cantarranas[2]
2000   de 'resellar cuartos° falsos.   reseal copper
¿No dices a cuya casa   coins
iba don Juan?

ESTELA   Sí, será.

TOMILLO   ¡Qué dulcemente se engaña! *(Aparte)*

ESTELA   ¿Qué mujer era?

TOMILLO   No era
2005   mujer, sino una fantasma,
ancha de frente° y angosta°   forehead, narrow
de sienes,° cejiencorvada.°   temples, crooked
ESTELA   El parabién° del empleo   eyebrows; con-
pienso darle.   gratulations

---

[2] **Cantarranas** is a street in Seville known for its prostitutes.

LISARDA	Yo la valla.°
2010	Y ¿la quería?

barricade

TOMILLO   No sé;
sólo sé que se alababa
ella de ser su respecto.

ESTELA   ¿Hay tal hombre?

TOMILLO   ¿Esto te espanta?

¿No sabes que le parece
2015   hermosa a quien fea ha dama?

ESTELA   Dices bien; éste es Leonardo.

TOMILLO   Yo le he dado por su carta.

(*Sale Dª Leonor.*)

LEONOR   Preguntéle a mi cuidado,
Estela hermosa, por mí,
2020   y respondióme que en ti
me pudiera haber hallado;
dudó la dicha, el temor
venció, al temor la humildad,
alentóse° la verdad,   encouraged
2025   y aseguróme el amor;
busquéme en ti y declaré
en mi dicha el silogismo°   conclusion
pues no hallándome en mí mismo,
en tus ojos me hallé.

2030 ESTELA   Haberte, Leonardo, hallado
en mis ojos, imagino

que no acredito de fino
de tu desvelo el cuidado;
y no parezcan antojos,
2035   pues viene a estar de mi parte,
por mi afecto, el retratarte
siempre mi amor en mis ojos;
que claro está que mayor
fineza viniera a ser
2040   que en ti me pudieras ver
por transformación de amor,
que sin mí hallarte en mí,
pues con eso me apercibes
que sin mis memorias vives,
2045   pues no me hallas en ti;
que es consecuencia notoria,
que si me quisieras bien,
como está en mí, también
estuviera en tu memoria.

2050 LEONOR   Aunque mas tu lengua intime
esa engañosa opinión,
no tiene el amante acción
que en lo que ama no se anime;
si amor de verás inflama
2055   un pecho, alienta y respira
transformado en lo que mira,
animado en lo que ama.
Yo, aunque sé que estás en mí,
en fe de mi amor no creo,
2060   si en tus ojos no me veo,
que merezco estar en ti.

ESTELA   En fin, no te hallas sin verme.

LEONOR   Como no está el merecer

	de mi parte, sé querer,
2065	pero no satisfacerme.

ESTELA   Y ¿es amor desconfiar?

LISARDA   Es, al menos, discreción.

LEONOR   No hay en mí satisfacción
de que me puedas amar
si mis partes considero.

2070

ESTELA   ¡Injusta desconfianza!
Alentad más la esperanza
en los méritos yo quiero
salir al campo esta tarde;
sigue la carroza.

2075

LEONOR   Ajusto
a tu obediencia mi gusto.

ESTELA   Pues queda adiós.

(Vase.)

LEONOR   Él te guarde.
En males tan declarados,
en daños tan descubiertos,
los peligros hallo ciertos,
los remedios ignorados;
no sé por dónde, ¡ay de mí!
acabar; amor intenta
la tragedia de mi afrenta.

2080

(Sale don Juan.)

2085 DON JUAN   Sí, estaba Leonardo aquí,
                       parece que le halló
                       la fuerza de mi deseo.

LEONOR   ¡Qué ha de tener otro empleo,
                       y yo burlada! ¡Eso no,
2090   primero pienso morir.

DON JUAN   Señor don Leonardo…

LEONOR   Amigo…
                       ¡Pluguiera a Dios[3] que lo fueras! (*Aparte*)
                       Mas eres hombre. ¿En qué os sirvo?

DON JUAN   Favorecerme podréis;
2095   mas escuchad: yo he venido
                       como a noble a suplicaros,
                       como a quien sois a pediros…

LEONOR   ¡Ah, falso! ¿Cómo a muy vuestro
                       no decís, siendo el camino
2100   más cierto para mandarme?

DON JUAN   Conozco os por señor mío,
                       y, concluyendo argumentos,
                       quiero de una vez decirlo,
                       pues Estela me animó:
2105   la Condesa…

LEONOR   ¡Buen principio!
                       Ea, pasad adelante.

---

[3] **Plugiera a Dios** *it would please God*

Don Juan	La condesa Estela, digo,
	o ya por su gusto, o ya
	porque dio forzoso indicio
2110	mi valor en la ocasión
	que ya sabéis de mis bríos,
	puso los ojos en mí;
	es mujer, no fue delito,
	vióse obligada, bastó,
2115	porque el común desvarío
	de las mujeres comienza
	por afecto agradecido;
	dio ocasión a mis desvelos,
	dio causa a mis desatinos,
2120	aliento a mis esperanzas,
	acogida a mis suspiros,
	de suerte que me juzgué
	duéno felíz, ¡qué delirio!
	de su belleza y su estado.
2125	De España a este tiempo mismo
	vinisteis siendo a sus ojos
	vuestra gallardía hechizo° magic
	que suspendió de mis dichas
	los amorosos principios.
2130	A los semblantes de Estela,
	Argos[4] velador° he sido, watchman
	sacando de cierta ciencia,
	que sus mudables indicios
	acreditan que me estima;
2135	y así, Leonardo, os suplico,
	si algo os obliga mi ruego,
	por lo que debe a sí mismo
	quien es noble como vos,

---

[4] **Argos,** in Greek mythology, had a hundred eyes, some of which were always awake.

2140

que déis a mi pena alivio
dejando su pretensión,
pues anterior habéis visto
la mía, y con tanta fuerza
de heroicos empeños míos.

2145

Haced por mí esta fineza,
porque nos rotule° el siglo,   inscribe
si por generoso a vos,
a mí por agradecido.

LEONOR

2150

¡Ah, ingrato, mal caballero! (*Aparte.*)
¡Bien corresponde tu estilo
a quien eres! Vuestras penas,
señor don Juan, habéis dicho
con tal afecto, tal ansia,
que quisiera, ¡por Dios vivo!
poder sacaros el alma, (*Aparte.*)

2155

dar a su cuidado alivio;
confieso que la Condesa
una y mil veces me ha dicho
que ha de ser mía, y que soy
el dueño de su albedrío

2160

a quien amorosa ofrece
por víctima y sacrificio
sus acciones; más, ¿qué importa,
si diferentes motivos,
si firmes obligaciones,

2165

si lazos de amor altivos
me tienen rendida el alma?
Que otra vez quisiera, digo,
por hacer algo por vos
como quien soy, por serviros

2170

y daros gusto, querer
a Estela y haberle sido
muy amante, muy fiel;

		mas creed que en nada os sirvo,
		pues mis dulces pensamientos
2175		me tienen tan divertido,
		que en ellos está mi gloria,
		y así, don Juan, imagino
		que nada hago por vos.

DON JUAN   ¿Es posible que ha podido
2180   tan poco con vos Estela?

LEONOR   Si no basta a persuadiros
               mi verdad, este retrato
               diga si es objeto digno
               de mis finezas. Ahora (*Aparte.*)
2185   ingrato llega el castigo
               de tanto aborrecimiento.

DON JUAN   ¡Válgame el cielo! ¿Qué miro!

LEONOR   Mirad si esa perfección,
               aquese garbo,° ese aliño,°   elegance, dressing
2190   ese donaire, ese agrado.

DON JUAN   ¡Perdiendo estoy el juicio!

LEONOR   Merecen que yo la olvide
               por Estela.

DON JUAN   Basilisco
               mortal ha sido a mis ojos;
2195   parece que en él he visto
               la cabeza de Medusa,[5]

---

[5] **Medusa**, in Greek mythology, was once a beautiful maiden whose hair was her chief glory, but as she dared to vie in beauty with Athena, the

que en piedra me ha convertido,
que me ha quitado la vida.

LEONOR   De conveniencias y arbitrios° (*Aparte.*)   free will
2200   debe de tratar. Parece
                que estáis suspenso.

DON JUAN   Imagino
                que vi otra vez esta dama,
                ¡ah, cielos! y que fue mío
                este retrato. Rindióse (*Aparte.*)
2205   esta vez a los peligros
                de la verdad la razón.

LEONOR   Advertid que le he traído
                de España, y que es de una dama
                a quien deben mis sentidos
2210   la gloria de un dulce empeño,
                y a cuyas dichas, si vivo,
                sucederán de Himeneo[6]
                los lazos alternativos,
                para cuya ejecución
2215   a Brúselas he venido,
                pues no he de poder casarme
                si primero no castigo
                con un rigor un agravio
                con una muerte un delito.

2220 DON JUAN   ¿Qué es esto que por mí pasa? (*Aparte.*)

---

goddess changed her beautiful ringlets into hissing serpents. She became so
frightening that no living thing could look at her without being turned into
stone.

[6] **Himeneo,** in Greek mythology, is the god of matrimony; son of Apollo
and Caliope.

	¿Es posible que he tenido	
	valor para oír mi afrenta°?	affront
	¿Cómo de una vez no rindo	
	a la infamia los discursos,	
2225	la vida a los desperdicios°	rubbish
	del honor? Leonor fue fácil;	
	y a los números lascivos°	lewd
	de infame, ¿tanta lealtad,	
	fe tan pura, ha reducido?	
2230	mas fue con nombre de esposo.	
	Aquí de vosotros mismos,	
	celos, que ya la disculpo;	
	yo solo el culpado he sido,	
	yo la dejé, yo fui ingrato;	
2235	¿Qué he de hacer en el abismo	
	de tan grandes confusiones?	
	Don Leonardo…	

LEONOR   A partido (*Aparte.*)
           quiere darse⁷ ya este aleve.
           ¿Qué decís?

DON JUAN   No sé qué digo;
2240   que me abraso en rabia y celos,
           que estoy en un laberinto
           donde no es posible hallar,
           si no es con mi muerte, el hilo,
           pues Leonor no fue Ariadna.⁸

---

⁷ **Darse a partido** is to surrender or give up one's determination, insistence, or opinion.

⁸ **Ariadne** was the daughter of King Minos of Crete. Minos had Dædalus build a Labyrinth for the bull-man, the Minotaur. Minos required tribute from Athens in the form of young men and women to be sacrificed to the Minotaur. Theseus volunteered to accompany one of these groups of victims to deliver

2245   En este retrato he visto
             mi muerte.

LEONOR   ¡Ah, bárbaro, ingrato (*Aparte.*)
             tan ciego, tan divertido
             estás, que no me conoces!
             ¿Hay más loco desatino
2250   que el original no mira
             y el retrato ha conocido?
             Tal le tienen sus engaños.

DON JUAN   Mal mis pesares resisto.
             ¿Qué empeños de amor debéis
2255   a esta dama?

LEONOR   He merecido
             sus brazos y sus favores,
             y a vuestro entender remito
             lo demás.

DON JUAN   Ahora es tiempo,
             locuras y desvaríos,
2260   ahora penas, ahora
             no quede lugar vacío
             en el alma; apoderaos
             de potencias y sentidos;
             Leonor fue común desdicha;
2265   rompa mi silencio a gritos
             el respeto; esa mujer,
             ese monstruo, ese prodigio
             de facilidad, fue mía;

---

his country from the tribute to Minos. Ariadne fell in love with Theseus and
gave him a thread which he let unwind through the Labyrinth so that he was
able to kill the Minotaur and find his way back out again.

2270

dejéla, y aborrecido,
pueden más celos que amor;
ya la adoro, ya me rindo
al rapáz arquero alado;[9]
pero ni aun hallo camino
matándoos para vivir,

2275

pues la ofensa que me hizo,
siempre estará en mis oídos.
¿Quién imaginará el limpio
honor de Leonor manchado?

LEONOR

Declaróse este testigo, (*Aparte.*)

2280

aunque en mi contra mi abono
todo lo que sabe he dicho;
mas apretemos la cuerda.
¿De suerte que mi enemigo
sois vos, don Juan?

DON JUAN

           Sí, Leonardo.

2285 LEONOR

¡Qué jamás Leonor me dijo
vuestro nombre! Quizá fue
porque el ilustre apellido
de Córdoba no quedase
en lo ingrato oscurecido;

2290

sólo dijo que en Brúselas
os hallaría, y que aviso
tendría en sus mismas cartas
del nombre; ya le he tenido
de vos, y es buena ocasión

---

[9] **Rapaz arquero alado** refers to Cupid, the god of love in Roman mythology. The ancient Romans often depicted Cupid as a winged (**alado**)child or baby who carried a bow and quiver full of arrows. **Arquero** *archer*.

2295   para mataros.

                   (*Sale Don Fernando.*)

D. FERNANDO   Mi primo
                   y don Juan de pesadumbre…

DON JUAN   ¡Don Fernando!

LEONOR   ¿Si habrá oído
                   lo que hablábamos?

DON JUAN   No sé,
                   sépalo el mundo.

LEONOR   Yo digo
2300   que os podré matar, don Juan,
                   si no hacéis punto fijo
                   en guardar aqueste punto.

DON JUAN   Jamás a esos puntos sigo
                   cuando me enojo, Leonardo.

2305 LEONOR   Yo tampoco cuando riño,°   I fight
                   porque el valor me gobierna,
                   no del arte los caprichos,°   whim
                   ángulos rectos o curvos;
                   mas a don Luís he visto,
2310   de Narváez,[10] el famoso.

D. FERNANDO   Los ojos y los oídos
                   se engañan don Juan, Leonardo,

---

[10] **Don Luís de Narváez** (1570-1640) was an authority on fencing.

¿de qué habláis?

LEONOR   Del ejercicio
de las armas.

D. FERNANDO   ¿Cómo estáis,
2315   don Juan, tan descolorido?

DON JUAN   En tratando de reñir,
no puedo más, ¡ah honor mío!
Leonardo, vedme.

(*Yéndose.*).

LEONOR   Sí, haré, (*Aparte.*)
que he de seguir los principios
2320   de vuestra doctrina. ¡Ah, cielos!

DON JUAN   (*Aparte.*) ¡Que luego Fernando vino
en esta ocasión!

LEONOR   (*Aparte.*)   ¡Que en esta
ocasión haya venido
mi hermano! ¡Infelíce soy!

2325 DON JUAN   A los jardines de Armindo
me voy esta tarde un rato;
venid, si queréis, conmigo,
llevarán espadas negras.[11]

LEONOR   Iré con gusto excesivo.

---

[11] **Espadas negras** are foils—blunt swords used in fencing

2330 DON JUAN   ¿Quedáisos, Fernando?

D. FERNANDO   Sí.

DON JUAN   Pues adiós: lo dicho, dicho,
                  don Leonardo.

LEONOR   Claro está.

D. FERNANDO ¿Fuese?

LEONOR   Sí.

D. FERNANDO   Estela me dijo,
             no obstante, que la pretende
2335   el príncipe Ludovico
             de Pinoy, y que a don Juan
             debe estar agradecido…
             Su pecho que sólo a ti
             inclina el desdén esquivo
2340   de su condición, de suerte…

LEONOR   No prosigas.

D. FERNANDO   No prosigo,
             pues ya lo entiendes, Leonardo.
             A favor tan conocido,
             ¿qué le puedes responder,
2345   si no desdeñoso, tibio?
             Sabe el cielo cuanto siento, (*Aparte*.)
             cuando de adorarla vivo,
             que me haga su tercero.

LEONOR   Pues, Fernando, si he tenido
2350   acción al amor de Estela,

> desde luego me desisto
> de su pretensión.

D. FERNANDO   ¿Estás loco?

LEONOR   No tengo juicio.
              Deseando estoy que llegue (*Aparte.*)
2355   la tarde.

D. FERNANDO   De tus designios
              quiero que me hagas dueño.

LEONOR   Aún no es tiempo; divertirlo
              con algún engaño.
              Ven conmigo.

D. FERNANDO   Voy contigo.

(Vanse y sale Tomillo.)

2360 TOMILLO   Después que bebí de aquel
               negro chocolate o mixto
               de varias cosas que Flora
               me brindó, estoy aturdido,°   dazed
               los ojos no puedo abrir.

(Sale Flora.)

2365 FLORA   Siguiendo vengo a Tomillo
               por si ha obrado el chocolate.

TOMILLO   Doy al diablo lo que miro
               si lo veo; aquí me acuesto
               un rato. ¡Qué bien mullido°   softened
2370   está el suelo, no parece

(*Échase.*)

sino que aposta° se hizo   on purpose
para quebrarme los huesos!
Esto es hecho; no he podido
sustentar la competencia;
2375   sueño, a tus fuerzas me rindo.

(*Duérmese.*)

FLORA   Como una piedra ha quedado,
lindamente ha obrado el pisto;
pero vamos al espolio°   assets
en nombre de San Cirilo.[12]

(*Vale sacando de las faltriqueras.*°)   pockets

2380   Comienzo: esta es bigotera;[13]
tendrá cuatrocientos siglos.
Según parece, éste es
lienzo.° ¡Qué blanco, qué limpio!   linen
Ostenta sucias ruinas
2385   de tabaco y romadizo.°   a cold in the head
Esta es taba.° ¡Gran reliquia   anklebone
de mártir trae consigo
este menguado! Esta es
baraja, devoto libro
2390   de fray° Luís de Granada,[14]   friar

---

[12] **San Cirilo** (fifth century A.D,)was St. Cyril of Alexandria, Bishop and Doctor of the Church.

[13] **Bigotera** is a leather cover for a mustache.

[14] **Fray Luís de Granada** (1504-1588) was a Spanish religious author, known especially for his oratorical skills and works on religious mysticism. His works on spirituality and mysticism include *Libro de la Oracion y*

de oraciones y ejercicios.
El bolsillo no parece
y de hallarle desconfío,
que en tan ilustres despojos
2395   ni le hallo ni le miro.
¿Qué es aqueste? Tabaquero
de cuerno. ¡Qué hermoso aliño,
parto al fin de su cosecha,
honor de su frontispicio!°   title page
2400   Hombres, ¡qué aquesto os dé gusto!
Yo conozco cierto amigo
que se sorbió entre el tabaco
el polvo de dos ladrillos.
Doyle vuelta a est[e] otro lado.
2405   haré segundo escrutinio.

(*Vuélvele.*)

¡Cómo pesa el picarón!°   great rogue
¡San Onofre,[15] San Patricio,[16]
que no despierte! Estas son
marañas° de seda [e] hilo   tangle
2410   y el cigarro del tabaco,
que no se le escapa vicio
a este sucio. Éste, sin duda,
es el precioso bolsillo
a quien mis miedos consagro°   deify

Meditacion ((*Book of Oration and Meditation*, 1544) and *Memorial de la Vida Christiana* (*Memorial of the Christian Life*, 1566).

[15] **San Onofre** is the Spanish name of Saint Onuphrius Magnus, who lived about 400 A.D. in Christian Egypt, naked in the desert as a hermit and confessor.

[16] **San Patricio.** St. Patrick established the church in Ireland during the fifth century A.D.

2415   y mis cuidados dedico.
               ¡Jesús!, cuántos trapos° tiene!   ragged clothes

               (*Va quitando capas.°*)   layers

               Uno, dos, tres, cuatro, cinco,
               seis, siete, ocho, es imposible
               contar más; ¡oh dulce archivo
2420   de escudos y de esperanza,

               (*Sácale.*)

               con reverencia te miro!
               Depositario dichoso
               de aquel metal atractivo
               que a tantos Midas[17] y Cresos[18]
2425   puede ocasionar delitos.
               Al corazón te traslado,
               metal generoso y rico
               y voyme antes que despierte
               y esas alhajas remito
2430   a su cuidado el guardarlas
               cuando olvide el parasismo.°   sudden outburst of
                                                                            emotion

---

[17] **Midas** was the king of Pessinus, capital of Phrygia, in Asia Minor. The
most famous myth about King Midas is when he received the golden touch
from Dionysus, god of the life force. He couldn;t eat or drink since eveyrthing
he touched was turned into gold. Soon he pleaded to Dionysus for help.
Dionysus instructed Midas to bathe in the headwaters of the Pactolus River.
Midas went to the river, and as soon as he touched the water, it carried away
the golden touch.
[18] **Crœsus** was last king of Lydia (in western Asia Minor, modern Turkey)
560-547 B.C.. Croesus derived his wealth from those gold deposits in the river
Pactolus.

(*Vase y sale Ribete.*)

RIBETE   Leonor anda alborotada
             sin decirme la ocasión,
             ni escucha con atención,
2435   ni tiene sosiego en nada.
             Hame ocultado que va
             aquesta tarde a un jardín
             con don Juan, no sé a qué fin.
             ¡Válgame Dios! ¿Qué será?
2440   Sus pasos seguir pretendo,
             Que no puedo presumir
             bien de aquesto.

TOMILLO   Tal dormir…
             Un año que estoy durmiendo
             y no puedo despertar;
2445   vuélvome de [e]st[e] otro lado.

RIBETE   Este pobrete° 'ha tomado   poor thing
             algún lobo.°

TOMILLO   No hay que hablar.

RIBETE   ¡Ah, Tomillo! ¿Duermes?

TOMILLO   No.

RIBETE   Pues, ¿qué sueñas?

TOMILLO   No, tampoco.
2450   Si duermo, pregunta el loco
             cuando ya me despertó.

RIBETE   ¿Son aquestas baratijas° tuyas?   cheap goods

(*Levántase.*)

TOMILLO   No sé. ¿Qué es aquesto?
               Mi bolso…

(*Turbado, busque.*)

RIBETE   ¿Dónde le has puesto?

2455 TOMILLO   No sé.

RIBETE   Aguarda, no te aflijas.
               Busquémosle.

TOMILLO   ¿Qué es buscar?
               Quitádome ha de cuidado
               el que tan bien le ha buscado,
               pues no le supe guardar,
2460   ¡Ay, bolso del alma mía!

RIBETE   Hazle una pr[o]sopopeya,°   splendor

TOMILLO   *Mira Nero de Tarpeya,*
               a Roma como se ardía.[19]
               ¿Partamos, quieres, Ribete,
2465   hermanablemente?

RIBETE   ¿Qué?

---

[19] **Mira, Nero de Tarpeya / a Roma como se ardía** are the initial verses of the *romance* sung by Sempronio in *La Celestina*. Legend has it that in 64 A.D. Nero (37-68 A.D.) set fire to Rome to see how Troy would look when it was in flames and to serve as a suitable background for a recitation of his poetry while accompanying himself on the lyre.

¡Voto a Cristo, que le dé!   vow
Mas déjole por pobrete.
¿No me conoce?

TOMILLO   Ya estoy
al cabo.[20] ¡Ay, escudos° míos!   unit of currency

2470 RIBETE   Por no hacer dos desvaríos
                   con este triste me voy
                   y porque no le suceda
                   a Leonor algún disgusto.

                   (*Vase.*)

TOMILLO   Flora me ha dado este susto,
2475   esta vez vengada queda.

                   (*Vase y sale Don Juan.*)

DON JUAN.   El tropel° de mis desvelos   confusion
                   me trae confuso y loco,
                   que el discurso enfrena poco
                   si pican mucho los celos.
2480   No es posible hallar medio
                   mi desdicha en tanta pena,
                   mi ingratitud me condena,
                   y el morir sólo es remedio.
                   Pues morir, honor, morir
2485   que la ocasión os advierte
                   que vale una honrada muerte
                   más que un infame vivir.

────────────────────

[20] **Estar al cabo** *to be dying*

Bien se arguye mi cuidado,
¡ay, honor! pues no reposo
2490 desesperado y celoso.

(*Sale Doña Leonor.*)

LEONOR Perdóname si he tardado,
que me ha detenido Estela
mandándome que la siga.

DON JUAN No me da su amor fatiga
2495 cuando mi honor me desvela.
Yo os he llamado, Leonardo,
para mataros muriendo.

LEONOR Don Juan, lo mismo pretendo.

(*Ribete a la puerta.*)

RIBETE ¡Grandes requiebros! ¿qué aguardo?
2500 No he temido en vano; apriesa
a llamar su hermano voy,
que está con Estela hoy.

(*Vase.*)

Leonor, se acaba tu empresa.
LEONOR Hoy, don Juan, se ha de acabar
2505 toda mi infamia, ¡por Dios!
porque matándoos a vos
libre me podré casar
con quien deseo.

DON JUAN   Esa dicha
bien os podrá suceder,

2510   mas no a mí, que vengo a ser
                 el todo de la desdicha;
                 de suerte que aunque mi espada
                 llegue primero, no importa,
                 pues aunque muráis no acorta°   shorten
2515   en mí esta afrenta pesada,
                 este infame deshonor;
                 porque no es razón que pase
                 por tal infamia y me case,
                 habiendo sido Leonor
2520   fácil después de ser mía
                 con vos; y si me matáis,
                 con ella viuda os casáis.
                 Mirad si dicha sería
                 vuestra, mas no ha de quedar
2525   esta vez de aquesa suerte.
                 Yo os tengo de dar la muerte,
                 porque muriendo los dos,
                 con ambas vidas se acabe
2530   un tormento en mí tan grave,
                 un bien tan dichoso en vos.

LEONOR   Don Juan, mataros deseo,
                 no morir, cuando imagino
                 de aquel objeto divino
2535   ser el venturoso empleo.
                 Acortemos de razones,
                 que en afrentas declaradas
                 mejor hablan las espadas.

DON JUAN   ¡Qué terribles confusiones!
2540   Matar y morir pretendo.

                 (*Sacan las espadas, y salen*
                 Don Fernando y Ludovico.)

D. FERNANDO   En este instante me avisa
              Ribete, que a toda prisa
              venga, Príncipe, y riñiendo
              están don Juan y Leonardo.
2545   ¿Qué es esto?

LUDOVICO   Pues, caballeros,
              ¿amigos y los aceros
              desnudos?

D. FERNANDO   Si un punto tardo
              sucede…

DON JUAN   ¿Fuera posible?
              Nada me sucede bien. (*Aparte.*)
2550   ¡Ah, ingrata fortuna! ¿A quién
              sino a mí, lance terrible…?

D. FERNANDO   ¿Fue aquesto probar las armas,
              venir a ejercer fue aquesto
              las espadas negras? ¿Son
2555   estos los ángulos rectos
              de don Luis de Narváez,
              y el entretener el tiempo
              en su loable° ejercicio?   praiseworthy
              Don Juan, ¿con mi primo mesmo
2560   reñís? ¿Esta es la amistad?

DON JUAN   ¡En qué de afrentas me has puesto,
              Leonor!

D. FERNANDO   No hay más atención
              a que es mi sangre, mi deudo,
              a que es de mi propia casta
2565   y a que soy amigo vuestro.

¿Qué para satisfacerlo
no basta el ser yo quien soy?
Vos, primo, ¿cómo tan necio
2570   buscáis los peligros, cómo
os mostráis tan poco cuerdo?

LEONOR   Yo hago lo que me toca;
sin razón le estás diciendo
oprobios° a mi justicia.   shame

2575 D. FERNANDO   Decidme, pues, el suceso.

LEONOR   Don Juan lo dirá mejor.

DON JUAN   ¿Cómo declararme puedo,
agraviado en las afrentas
y convencido en los riesgos?

2580 D. FERNANDO   ¿Qué es esto? ¿No respondéis?

DON JUAN   ¡Qué esto permitan los celos!
Diga Leonardo la causa.
De pesar estoy muriendo. (*Aparte.*)

LEONOR   Pues gustas de que publique
2585   de tus mudables excesos
el número, Ludovico
y Fernando, estad atentos:
pues ya se hizo don Juan,
¡oh primo!, de los secretos
2590   de su amor y su mudanza,
como me dijiste, dueño,
que se vino y lo demás
sucedido y en efecto,
que sirvió a Estela, que aleve

2595   intentó su casamiento,
                       óyeme y sabrás lo más
                       importante a nuestro cuento.
                       Doña Leonor de Ribera,
                       tu hermana, hermoso objeto
2600   del vulgo y las pretensiones
                       de infinitos caballeros,
                       fue... no sé cómo lo diga...

D. FERNANDO   Acaba, Leonardo, presto.

DON JUAN   Espera, espera, Leonardo.
2605   Todo me ha cubierto un hielo
                       ¡si es hermana de Fernando!
                       ¿hay más confuso tormento?

LEONOR   Diga, pues, que fue tu hermana
                       doña Leonor de los yerros
2610   de don Juan causa.

DON JUAN   Acabó
                       de echar la fortuna el resto
                       a mis desdichas.

D. FERNANDO   Prosigue,
                       prosigue, que estoy temiendo
                       que para oírte me falta
2615   el juicio y el sufrimiento.
                       ¡Ah, mal caballero, ingrato,
                       bien pagabas mis deseos
                       casándote con Estela!

LEONOR   Palabra de casamiento
2620   le dio don Juan, ya lo sabes,
                       disculpa que culpa ha hecho

la inocencia en las mujeres.
Mas dejóla, ingrato, a tiempo
que yo la amaba, Fernando,
2625   con tan notables afectos
que el alma dudó tal vez
respiraciones y alientos
en el pecho, y animaba
la vida en el dulce incendio
2630   de la beldad de Leonor
corrida en los escarmientos
de la traición de don Juan,
y obligándome primero
con juramentos, que amando
2635   todos hacen juramentos,
me declaró de su historia
el lastimoso suceso
con más perlas que palabras.
Mas yo, amante verdadero,
2640   la prometí de vengar
su agravio y, dando al silencio
con la muerte de don Juan
la ley forzosa del duelo,
ser su esposo; y lo he de ser,
2645   don Fernando, si no muero
a manos de mi enemigo.
A Flandes vine, sabiendo
que estaba en Bruselas; soy
noble, honor sólo profeso.
2650   Ved si es forzoso que vengue
este agravio, pues soy dueño
de él y de Leonor también.

DON JUAN   No lo serás, ¡vive el cielo!

D. FERNANDO   ¿Hay mayores confusiones?

2655   ¡Hoy la vida y honor pierdo!
        ¡Ah, hermana fácil! Don Juan,
        mal pagaste de mi pecho
        las finezas.

DON JUAN   De corrido
        a mirarle no me atrevo.
2660   A saber que era tu hermana…

D. FERNANDO ¿Qué hicieras? No hallo medio
        en tanto mal, Ludovico.

LEONOR   Yo la adoro.

DON JUAN   Yo la quiero.

LEONOR   ¡Qué gusto!

DON JUAN   ¡Qué pesadumbre!

2665 LEONOR   ¡Qué satisfacción!

DON JUAN   ¡Qué celos!
        Yo no me puedo casar
        con doña Leonor, es cierto,
        aunque muera Leonardo;
        antes moriré primero.
2670   ¡Ah, si hubiera sido honrada!

D. FERNANDO ¡Qué laberinto tan ciego!
        Dice bien don Juan, bien dice,
        pues si casarla pretendo
        con Leonardo, ¿cómo puede,
2675   vivo don Juan? Esto es hecho:
        todos hemos de matarnos,

yo no hallo otro remedio.

LUDOVICO Ni yo le miro ¡por Dios!,
y ése es bárbaro y sangriento.

2680 LEONOR En efecto; si Leonor
no rompiera el lazo estrecho
de tu amor, y si no hubiera
admitido mis empeños,
¿la quisieras?

DON JUAN La adorara.

2685 LEONOR Pues a Leonor verás presto
y quizá de tus engaños
podrás quedar satisfecho.

DON JUAN ¿Dónde está?

LEONOR En Brúselas.

DON JUAN ¿Cómo?

LEONOR Esperad aquí un momento.

(*Vase y salen Estela, Lisarda, Flora, Ribete y Tomillo.*)

2690 ESTELA ¡Don Leonardo con don Juan
de disgusto!

RIBETE Así lo entiendo.

TOMILLO ¡Ay, mi bolso y mis escudos!

LISARDA ¿No está Leonardo con ellos?

ESTELA   Señores, ¿qué ha sucedido?

2695 D. FERNANDO   No sé qué os diga, no puedo
                hablar.

LISARDA   Ludovico, escucha.

LUDOVICO   De ver a Estela me ofendo,
                después que oí a mis oídos
                tan desairados desprecios.
2700   ¿Qué decís, Lisarda hermosa?

LISARDA   Don Leonardo, ¿qué se ha hecho?
                ¿Dónde está?

LUDOVICO   Escuchad aparte.

D. FERNANDO   ¡Qué mal prevenidos riesgos!
                Hoy he de quedar sin vida
2705   o ha de quedar satisfecho
                mi deshonor. ¡Ay, hermana,
                el juicio estoy perdiendo!

TOMILLO   Flora, vamos a la parte.

FLORA   ¿A qué parte, majadero?

2710 TOMILLO   Ribete…

RIBETE   ¿Qué es lo que dice?

TOMILLO   Digo que soy un jumento.°   ass

RIBETE   ¿Dónde está Leonor? ¡Qué se haya
                metido en estos empeños!

(*Sale doña Leonor de dama bizarra.*)

LEONOR   Hermano, Príncipe, esposo,
2715   yo os perdono el mal concepto
                que habéis hecho de mi amor,
                si basta a satisfaceros
                haber venido constante
                y resuelta…

RIBETE   ¿Qué es aquesto?

2720 LEONOR   Desde España hasta Flandes
                y haberme arrojado al riesgo
                de matarme tantas veces;
                la primera, en el terrero,
                retirando a Ludovico
2725   y a mi propio esposo hiriendo,
                y hoy, cuando guardó a Palacio
                mi valor justo respeto,
                y deslumbrando a mi hermano,
                fingir pude engaños nuevos,
2730   y ahora, arrojada y valiente,
                por mi casto honor volviendo,
                salí a quitarte la vida,
                y lo hiciera, ¡vive el cielo!
                a no verte arrepentido,
2735   que tanto puede en un pecho
                valor, agravio y mujer.
                Leonardo fui, mas ya vuelvo
                a ser Leonor. ¿Me querrás?

DON JUAN   Te adoraré.

RIBETE   Los enredos°   entanglement
2740   de Leonor tuvieron en fin.

D. FERNANDO   Confuso, hermana, y suspenso
              me ha tenido tanto bien.

LUDOVICO   ¿Hay más dichoso suceso?

ESTELA   Leonardo, ¿así me engañabas?

2745 LEONOR   Fue fuerza, Estela.

ESTELA   Quedemos
              hermanas, Leonor hermosa;
              Fernando, ¿de esposo y dueño
              me dad la mano?

D. FERNANDO   Estas dichas
              causó Leonor. Yo soy vuestro.

2750 LUDOVICO   Ganar quiero tu belleza,
                Lisarda hermosa, pues pierdo
                a Estela, dame tu mano.

LISARDA   La mano y el alma ofrezco.

RIBETE   Flora, de tres para tres
2755   han sido los casamientos;
              tú quedas para los dos
              y entrambos° te dejaremos   both
              para que te coman lobos,
              borrico° de muchos dueños…   ass

2760 ESTELA   Yo te doy seis mil escudos.

RIBETE   Digo que acepto
              por los escudos, pues bien
              los ha menester el necio

que se casa de paciencia.

2765 TOMILLO   Sólo yo todo lo pierdo;
                Flora, bolsillo y escudos.

LEONOR   Aquí, senado discreto,
             VALOR, AGRAVIO Y MUJER
             acaban. Pídeos su dueño,
2770   por mujer y por humilde.
             que perdonéis sus defectos.

                     FIN

Spanish–English Glossary
References in brackets are to acts.

A

aborrecer to hate, to detest [I, II, III]
abonar to vouch for, guarantee [I,II, III]
acobardar to intimidate [I,II]
acortar to shorten [III]
advertir to notice, towarn [I, II, III]
aderezar to get ready [I]
adonis handsome youth [II]
afable good-natured [I, III]
aficionado fond of[II]
afligir to make one miserable [I, II, III]
afrenta affront, indignity [III]
agrado agreeableness [I, II, III]
agravio offence [I]
alado winged [III]
alago cajolery, flattery [II]
alameda public walk [I]
albedrío free will, whim [II, III]
alborotar to disturb, agitate [I, III]
alegrón sudden, unexpected joy [II]
alentado courageous, spirited [I,II, III]
alentar to encourage, to inspire [II, III]
aleve treacherous [I, II, III]
alhaja jewel[II, III]
aliento bravery, strength [I, III]
aliño dressing [III]

allanar to pacify, to subdue [II, III]
allende beyond [I]
almohaza curry-comb [I]
alteza highness [I]
altiveces haughtiness [I, II]
amohinar to irritate [I]
amparar to help, protect [I]
angosta narrow [III]
ánimo(a) courage, spirit [I, II]
antojo whim [II, III]
antuvión a sudden stroke [I]
aturdido dazed [III]
apocarse to humble oneself [II]
aposta on purpose [III]
aprisa quickly[II, III]
apurarse to fret, worry [I]
arbitrios free will [III]
arquero archer [III]
arrebol red appearance of clouds [I, II]
arrobo amazement, ecstasy [I]
arrojar to throw one's self forward [I, II, III]
asombros fears [I]
atropellar to trample underfoot [I, II]
aturdido dazed, stunned [III]
azucena lily [I]

B

bandolero robber [I]

147

baratija cheap goods[III]
basilisco fabulous kind of serpent [I, III]
bélica warlike [I]
bigotera leather cover for mustaches [III]
bizarro(a) gallant [I, II, III]
blasón heraldry, honour [I]
bonanza fair weather [I, II]
borrico donkey, ass [III]
bravo fine [I, II]
brio courage [I]
brioso dashing [II]
burlar to deceive, seduce [II]
burlarse to laugh at, to joke [II, III]

C
caballerizo stableman [I]
caliginoso dark, obscure [I]
candor fairness, purity of mind [I]
cantonera prostitute [II, III]
capas layers [III]
capricho whim [III]
carroza chariot, carriage [I, III]
catar to judge [II]
caudal fortune[II]
céfiro a mild wind [II]
ceguedades blindness [II]
cejiencorvada crooked eyebrow [III]
celaje small moving cloud [I]
cerúlea sky-blue [I]
ceño gloom [I]
centella sparkle, flash of lightning [I, II]
chasco trick [II]
congoja anguish [II]
condesa countess [I,II, III]
consagrar to deify [III]

contrapuntear to dispute [II]
cordura good sense [I]
corrido ashamed [I, II, III]
corzo roe-deer [I]
cuartos a copper coin [III]
cuerdo(a)s sensible, prudent, discreet [I, III]

D
deponer to lay by [I]
desahogo relief [I]
desaire snub [II, III]
desasosiego restlessness[II]
desatino foolishness [I, II, III]
desbaratar to ruin[I]
descarte evasion [II]
desdeñar scorn, despise [II, III]
desempeñar to redeem [I]
desencajar to disjoint [I]
desflorar to violate, deflower [II]
despechado enraged [I]
desperdicio rubbish [III]
despicar to satisfy [II]
despojo spoils [II, III]
desvelo(s) vigilance [I], concern [II, III]
deudo relative [I, III]
devaneo nonsense, raving [II]
dicha luck, pleasure [I,II, III]
dictamen opinion [II]
diestro skilled [II]
dilatar to delay [I]
disforme monstrous [I]
disimular to hide [I]
disparate nonsense [I, II]
donaire charm [II, III]

E

eje spindle [I]
empeño obligation [II, III]
empresa undertaking [II, III]
encapotado clouded over [I]
enredo entanglement [III]
entablarse to lay out [II]
enterezas uprightness, perfection [I, II]
entrambos both [III]
entrañas bowels [I]
envidar to bet [II]
epílogo close of a speech [I]
errar to fail [I]
escalerilla small ladder [I]
escarmiento warning, chastisement [I, III]
escudo unit of currency [III]
escudriñador examiner [I]
eslabonar to link [I]
espolio assets, estate [III]
estragos havoc, ravages [I, II]

F

facistol conceited [II]
faltriquera pocket [III]
fénix phœnix, a mythical bird [II]
fiar to entrust [I]
fingir(se) to simulate [II, III]
fray friar [III]
frente forehead [III]
frontispicio title page of a book [III]
fulminar to explode [I]

G

gabán overcoat [I]
galardón reward, prize [I, II]
gallarda graceful [I, II, III]

garbo elegance [III]
gentil elegant [I, II]
gigote a stew made with small pieces of meat [I]
gozar to enjoy [II]
grosero(a) rude [I]

H

halago flattery [II]
hechizo magic, spell [III]
hidalgo a Spanish nobleman of the lowest rank [I, II]
holgar to please [I]
hundir to hide [I]

I

imperiosamente lordly [II]
importunar to disturb [I, II]
impropiedad want of justice [I]
inclemencia severity [I]
infame villain [I]
infamia dishonor [III]
infanta a princess [I]
injuriar insult [I]
insigne illustrious [I]

J

jumento an ass, a stupid person [III]
juramento curse, oath [I, III]

L

lacayo servant [I]
lacería misery, trouble [I]
lance intrigue, plot [II, III]
lascivo lewd [III]
lienzo linen [III]
lince sharp [I]
lisonja flattery [I, II]

lisonjera flatterer [II]
loable praiseworthy[III]
lonja market [I]
lucero bright star [II]

M
majadero idiot [I, III]
maldecir to curse [I]
malograr to disappoint [I, II]
malquistar to alienate [III]
maraña tangle [III]
marchita withered [I, II]
menester to need [I, III]
mentido mythical [I]
mondar to peel or to prune [I]
mortandad death [III]
mullido softened [III]
murta myrtle [I]

N
níspero medlar tree [I]

O
oprobio shame [III]
osadía boldness [I, II]
ostentar to boast [I, II, III]

P
padecer to be a victim of [I]
parabien congratulations [III]
parajes places [I]
pajarilla bad temper [II]
parasismo paroxysm, a sudden outburst of emotion [III]
pedernal flint [II]
pendón banner [I]
pensión burden [I]
pesadumbre sorrow [I]

pesar concern, grief; to weigh [I, II, III]
pescozón a blow on the neck or head with the hand [I]
picadillo mincemeat [I]
picarón great rogue [III]
pincel brush [II]
pisto a thick broth [I, III]
plantas feet [I, II]
pliego sealed letter [I]
pobrete poor thing, well-meaning but ineffective person [III]
pregonar to announce in public [II]
premiar to reward [I, II]
prenda token [I]
primor exquisiteness [I]
privanza favor [I]
prodigio marvel [I, III]
prolija tedious, long-winded [I]
prosopopeya splendor[III]

Q
quimera dispute [III]
quinta country house [I]

R
rapáz young boy [III]
rayo flash of lightning [I]
recato caution [I]
recelo suspicion [I]
recoleto belonging to a convent [I]
rendido fatigued [I, III]
rendirse to surrender [I, II, III]
reñir to fight [II, III]
reparar pay attention to [II]
repecho slope [I]
resellar to reseal [II, III]
reto challenge [I]

ribera shore [I]
riesgo danger [II, III]
rimbombar to echo [I]
risco a steep rock [I]
roble oak [I]
romadizo a cold in the head [III]
rostro face [I, II]
rotular inscribe [III]
ruiseñor nightingale [II]

S
sabio wise [I]
salir to depart, to march out [I]
sepancuantos a box on the ear, slap on the face [II]
serafín an extreme beauty [I]
sienes *anatomy*, temples [III]
silogismo conclusion [III]
sortija ring [I]
suceso event, incident [I, II, III]

T
taba anklebone [III]
talle figure [I, II]
tercero(a) go-between [I, III]
terrero terrace [II, III]
tibieza indifference [II]
tibio indifferent [III]
títeres marionettes [I]
topar to run into [I]
torbellino whirlwind [I]
trabar to begin (a battle) [I]

tramoya craft [I]
trapos clothes, rags [III]
traste to fail [II]
tregua truce [I]
trochemoche (a) in confusion and hurry [I]
tropel confusion [III]
turbado uneasy [I, III]

U
ultraje outrage [II]
umbrosa shady [II]
usurpar to grasp, to encroach upon [I, II]

V
valla barricade [III]
vaticinio divination [II]
velador watchman, caretaker [III]
veloces swift [I]
venablo spear [I]
vestuario dressing room [I]
viborezno young, small viper [I]

Y
yerro error, mistake [I, III]

Z
zozobrar to be in danger [I]
zozobra anxiety [II]

CPSIA information can be obtained
at www.ICGtesting.com
Printed in the USA
BVHW072030250122
627086BV00001B/50